GUANLIZHE JIANYAN CAINA JUECE
JI JIANYANZHE PINGJIA YANJIU

张春梅

／著

管理者建言采纳决策
及建言者评价研究

中国财经出版传媒集团

经济科学出版社
Economic Science Press

图书在版编目（CIP）数据

管理者建言采纳决策及建言者评价研究/张春梅著.
—北京：经济科学出版社，2017. 11
ISBN 978 - 7 - 5141 - 8755 - 7

Ⅰ. ①管…　Ⅱ. ①张…　Ⅲ. ①管理学 - 研究
Ⅳ. ①C93

中国版本图书馆 CIP 数据核字（2017）第 296618 号

责任编辑：刘　莎　张　蕾
责任校对：陶立娜
责任印制：邱　天

管理者建言采纳决策及建言者评价研究

张春梅　著

经济科学出版社出版、发行　新华书店经销
社址：北京市海淀区阜成路甲 28 号　邮编：100142
总编部电话：010 - 88191217　发行部电话：010 - 88191522
网址：www. esp. com. cn
电子邮件：esp@ esp. com. cn
天猫网店：经济科学出版社旗舰店
网址：http://jjkxcbs. tmall. com
固安华明印业有限公司印装
710 × 1000　16 开　13. 75 印张　210000 字
2017 年 12 月第 1 版　2017 年 12 月第 1 次印刷
ISBN 978 - 7 - 5141 - 8755 - 7　定价：52. 00 元
（图书出现印装问题，本社负责调换。电话：010 - 88191510）
（版权所有　侵权必究　举报电话：010 - 88191586
电子邮箱：dbts@ esp. com. cn）

序

　　在当今竞争日益剧烈的商业环境中，组织的环境适应能力和创新能力都遇到了前所未有的挑战，为了减少管理决策的不确定性，员工有关提高组织运行效率的建议和意见对组织整体绩效的提升异常关键，组织成员愿意提供关于关键工作流程的想法和意见是各类成功的学习型团队的一个重要特征。一方面，现代组织中的员工尤其是那些具有较高专业技能的员工，不仅拥有发起高水平建言的能力，也希望能够通过建言获得上级的支持与认同，实现自我价值；另一方面，员工建言行为作为一种发生在员工及其上级之间的双向沟通行为，该行为发生与否、发生的频率以及卷入水平取决于建言双方——建言者与建言采纳者（在组织中，通常是建言者的直接上级扮演采纳者的角色）的互动，社会交换理论指出"体验到来自上级的认可与肯定"的个体发起建言的意愿更频繁更强烈。基于此，本书溯本求源，对员工建言行为问题进行了深入研究，通过探究管理者建言采纳与建言者评价的影响机理，来研究如何更好地促进管理者的建言采纳，对建言者给予积极评价，从而使员工建言行为产生积极的螺旋效应。

　　本书采用理论与实证研究相结合的方法，借鉴组织理论、行为决策理论、认知理论、传播理论等相关研究，同时关注建言的发起者和接受者的能动作用，动态审视建言与接受过程中管理者的心理和行为特征变化，沿着"建言行为—管理者建言认知—管理者建言采纳及建言者评价"这一逻辑思路，对管理者建言采纳及建言者评价机理进行了深入分析，提出研究假设，并构建出相应的理论模型，认为管理者建言行为认知在建言行为特征与管理者建言采纳及建言者评价间起到中介作用。全书共分7个部分。第1部分主要介绍了本书的研究背景，明确研究的理论意义和现实意义；介绍了全文的章节安排；最后对本书所用的研究方法与技术路线进行了分析与说明。第2部分对现有文献进行了回顾和综述，本章的文献梳理为后续的研究构建与实证研究提供了充分的理论依据。主要对员工建言与管理者建言采纳及评价行为相关概念及研究进行了归纳与总结。包括建言、建言行为、建言采纳的概念发展研究综述，建言行为的前因、结果变量的研究综述，管理者建言采纳的研究方法和影响因素研究综述等。第3部分首先介绍了本书的理论基础——认知行为理论，构建了本书的理论模型，然后在文献分析的基础上对核心变量相互之间的逻辑关系进行理论推导。第4部分是正式调查研究前的准备——研究设计与预测试。首先对研究对象（包括预测试阶段和正式调研阶段）的选取进行了说明，接着是本书的初始测量问卷的设计，然后应用初始测量问卷进行了预测试，并对预测试进行了样本特征分析及数据分析，在此基础上对初始问卷进行了补充和修正。第5部分和第6部分是本书的主体，其中，第5部分研究了建言行为特征与管理者建言认知、管理者建言采纳及建言者评价的关系。主要考察了建言行为特征变量即建言信息中有无解决方案、以积极方式还是消极方式呈现建言、建言时机的早晚对管理者建言认知、管理者建言采纳及对建言者评价的影响。包括研究目的、研究方法，研究模型的构建、研究假设的提出、验证性因素分析、方差分析。第 6 部分验证了管理者建言认知变量对建言行为特征与管理者建言采纳、建言者评价的中介效应。包括研究目的、提出研究假设、构建实证模型、研究方法的选择、研究检验。第 7 部分结论和展望。总结与梳理了本书的主要研究结论及对管理实践的启示，指出未来值得探索的研究方向。

　　本书的实证研究部分通过问卷调查来收集数据，选取在校本科大三、大四学生干部（班级干部或学生会等社团干部）进行了预测试，正式调研对象则主要锁定为基层主管及以上职位的管理者，收集有效问卷 302 份，运用 SPSS19.0 和 SmartPLS 等软件对理论模型进行了验证。通过实证研究，本书得出了以下三点结论。

　　第一，建言信息中是否包含解决方案、建言时机的早晚对管理者的建言认知、建言采纳及建言者评价有很大影响，而建言信息框架（积极信息框架/消极信息框架）对管理者建言认知及建言采纳的影响不显著。另外，通过分析发现，对于解决方案和建言时机这两个建言者本身可以控制的因素，建言时机的总体效应比解决方案要大一些。也就是说，如果时间和方案两者不能兼顾时，建言者应该优先考虑对建言采纳和建言者评价影响更大的建言时机因素。

　　第二，揭示了管理者建言采纳及建言者评价的影响路径。研究发现，建言行为特征并不是直接对管理者建言采纳及建言者评价产生影响，管理者通过识别不同员工建言行为特征，产生认知体验，进而做出是否采纳建言的决策并对建言者进行相应评判，建言行为认知起到了中介作用。因此，管理者的态度及认知对组织中员工建言是否踊跃起着举足轻重的作用，在管理实践中应注意提高自我认识品质，主动调控情绪情感。

第三，建言行为特征对管理者的威胁性知觉影响不显著。通过实证研究发现解决方案、建言框架、建言时机的不同水平对管理者的威胁性知觉的影响均不显著。这和我国企业严格的等级秩序、上下级间较大的权力距离等特点是分不开的。对组织来说，可以通过创建鼓励建言的组织氛围、广开言路、增加建言渠道等方面来增加管理者处理员工建言的透明度。

希望本书能够给从事这一领域研究的同行有所启发，有所借鉴。由于笔者水平所限，不妥之处敬请各位读者批评指正。

张春梅

2017 年 4 月 20 日

目　　录

第一章　绪论 …………………………………………………… 1

　　第一节　问题的提出 ………………………………………… 1

　　第二节　研究意义 …………………………………………… 3

　　第三节　研究内容与结构安排 ……………………………… 5

　　第四节　研究方法及技术路线 ……………………………… 8

　　第五节　可能的创新 ………………………………………… 11

第二章　相关理论研究综述 …………………………………… 13

　　第一节　建言的内涵与外延 ………………………………… 13

　　第二节　建言行为的相关研究 ……………………………… 23

　　第三节　建言采纳相关研究 ………………………………… 34

　　第四节　文献综述小结 ……………………………………… 47

第三章　理论模型构建与机理分析 …………………………… 49

　　第一节　理论模型的构建 …………………………………… 49

　　第二节　管理者建言采纳决策及建言者评价的运行机理 …… 53

第四章　研究设计与预测试 …………………………………… 77

　　第一节　研究对象与样本量的确定 ………………………… 77

第二节　问卷开发过程及量表设计 ……………………… 79

第三节　预测试 ………………………………………………… 84

第四节　初始测量量表的修正与补充 ……………………… 91

第五章　建言行为特征与管理者建言认知、建言采纳决策及
　　　　建言者评价的关系研究 ……………………………… 93

第一节　研究目的与研究假设 ……………………………… 93

第二节　验证性因素分析 …………………………………… 97

第三节　人口统计特征对建言认知、建言采纳及建言者
　　　　评价的影响 ………………………………………… 98

第四节　研究结果 …………………………………………… 106

第五节　解释与讨论 ………………………………………… 112

第六章　管理者建言认知对建言行为特征与建言采纳、建言者
　　　　评价的中介效应研究 …………………………………118

第一节　研究目的与研究假设 ………………………………118

第二节　研究方法 …………………………………………… 120

第三节　研究结果 …………………………………………… 121

第四节　结论与讨论 ………………………………………… 134

第七章　研究结论与展望 ………………………………………140

第一节　主要结论与对管理实践的启示 …………………… 140

第二节　后续研究展望 ……………………………………… 147

附录 ……………………………………………………………… 150

参考文献 ………………………………………………………… 184

后记 ……………………………………………………………… 212

第一章

绪　　论

第一节　问题的提出

随着全球经济一体化程度的进一步深化，组织所面临的商业和经济环境也日益复杂和不确定。如此瞬息万变的商业形势和激烈竞争，对组织的适应性和创新性提出了更高的要求。为了适应环境的复杂要求，企业正将自身打造成学习型组织。在向学习型组织的过渡中，企业管理者的学习能力成为至关重要的关键因素。但是，社会分工的精细化使组织管理者离工作一线越来越远，因此，仅仅凭借管理层的智慧是无法解决组织运行中遇到的所有问题的，在决策过程中反而需要他人提供更多信息和知识。为了获取所需信息，很多管理者宁愿去花费昂贵的代价从组织外部（如竞争者或咨询机构）去获得原本组织中就有的知识，这样的结果只有巨大的资源浪费——组织资源花费在促进个人职业发展而不是组织整体智能的提高上。越来越多的证据表明，企业内部的信息来源，尤其是一线员工所提供的信息对于各种问题的解决会有更大帮助。员工主动性行为开始变得越来越重要了——广大基层员工、基层主管直接与客户接触，清楚市场的需要，往往能够比组织管理者更早的发现问题，能够提出许多建设性的建议和想法，更好地帮助组织管理者进行有效的决策，预防危机，促进组织健康成长和积极变革。忽视员工提供的信息，最终可能对组织发展与变革造成无法挽回的危害，远到丰田汽车对员工改善汽车安全性和车间环境问题的建议不予重视①，近到江苏昆山中荣金属制品有限公司多名中层干部屡次向上级提出抛光车间安全设施需及时更新而不被采纳②。诸如此类本可以避免的 2009 年丰田汽车全球大规模召回事件，2014 年导致 75 人死亡、185 人受伤的中荣爆炸事件却一再发生。

于是，近 30 年学术界和企业界开始关注员工的建言行为，并展开了大量的研究。建言行为是一种以改变现状为目的的角色外行为，它与组织公民行为中其他的亲社会行为不同，含有挑战现状或挑战权威的成分在里面。在组织管理实践中，无论是管理制度、工作流程，还是管理者大大小小的决策活动，不可避免地会存在或多或少的失误，有时候来自广大基层的员工、基层主管的建言可以帮助管理者及时识别并纠正这些失误。员工建言行为的目的，从根本上来说，就是为了让组织管理者能够更快更好地识别出组织运行中存在的问题，增强管理及决策的有效性。

然而，有效激发员工积极建言、管理者科学评价并采纳员工建言在日常管理工作中却异常困难。如 3M 和索尼在虽然鼓励员工敢于冒险、勇于创新方面成绩斐然，然而很多时候，还是很难促使管理者去接受/学习他人提供的建议或信息。一些团队或组织中的个体对于无谓的"重复劳动"乐此不疲，却不愿意去相互学习。造成这一现象可能源自两类原因：第一，虽然从机体论的角度，建言意味着个体对自我实现的追求，对员工来说建言实质上是员工心理需求的一种表现，但是建言不被采纳，建言行为不能得到积极评价会造成员工隐瞒自己的真实想法的真实局面；第二，即使员工可以建言，却由于管理

---

① http：//auto. ifeng. com/topic/fengtiandmn/news/internationalindustry/20100309/229974. shtml，凤凰网，2010 – 03 – 09.

② http：//news. qq. com/a/20140804/004289. htm，腾讯新闻，2014 – 08 – 04.

者自身的原因，无法对员工建言进行正确判断，并合理采纳。本书认为厘清组织管理者面对员工建言时的决策心理机制是找出员工建言为什么不能得到管理者们的认可，并被有效采纳的必由之路。

鉴于此，本书将借鉴认知行为理论，沿着"建言行为—管理者建言认知—管理者建言采纳及建言者评价"的思路，研究和探讨管理者建言采纳决策及建言者评价的相关问题。建言行为特征对管理者建言采纳决策及建言者评价是否产生影响？影响的程度如何？影响机理如何？建言行为特征对管理者的建言认知影响如何？管理者的建言认知是否在建言行为特征和管理者建言采纳决策及建言者评价两者间起中介效应？本书将对这些问题进行一一解答。

第二节 研 究 意 义

经济全球化背景下，为了适应瞬息万变的外部环境，组织开始朝弹性化、灵活化方向发展。这一方面在结构上产生了一些新型组织，如团队型组织、虚拟组织、扁平化组织、学习型组织；另一方面，为了谋求发展组织不得不时刻去应对这种变化。因此，保持持续改进对组织来说显得愈加重要——组织创新始于那些挑战以往做法或标准化操作程序的新思想或新观点的产生和确认。因而，要做到持续改进就必须充分发挥员工的智慧，虚心听取、接纳他们的建言，正如彼得·德鲁克（Peter F Drucker，1969）所说，组织需要员工意见的输入以使事情做得更好。然而，对大多数组织来说，建言行为并没有得到足够的重视，建言者也没有得到公正的评价，这反过来又会极大地影响员工的建言积极性。因此，首先，本书通过构建管理者建言采纳决策及建言者评价机理模型，试图找出影响管理者建言认知、建言采纳决策及建言者评价的因素，以期激发管理者关于建言采纳决策及建言者评价的研究和思考。其次，本书确定了影响建言行为效能的因素，为员工进行有关如何建言、何时建言等的建言决策开辟了一条新渠道，有一定应用价值。

具体来说，本书主要的理论及现实意义体现在以下几个方面。

第一，有助于组织决策质量和决策速度的提高，提升整体绩效。在组织管理决策中，他人的建言对管理者来说弥足珍贵。一方面，它可以弥补个体决策信息资源不充分的缺陷；另一方面，又可以避免群体决策中角色的同质性，提高决策的准确性。当前对建言采纳决策的研究中多把建言简单的看作"推荐方案"或"数量估计"，这已经满足不了真实决策情境中管理者的需要，他（她）们不仅需要建言者给出备选答案，有时候可能希望这些建言者能够提供更多的论据信息，甚至有时候只是需要情感上的支持。同时，现有建言采纳研究多是采用设置实验决策情境来开展的，在其设置的情境中，建言者对管理者来说是陌生面孔，或者是利用人机交互系统，由计算机呈现建议，与真实决策环境有较大差异。真实决策环境中，除了建言信息本身的质量，还会有很多认知和情绪变量会影响管理者的决策，如人际吸引、信任、情感等。另外，当前对建言采纳的研究多是以管理者为中心，对建言行为的特点考查比较少。而本书则由建言行为的特征变量出发，遵循"建言行为—管理者建言认知—管理者建言采纳及建言者评价"的思路来开展，能够更好地满足真实决策情境中组织管理者决策的需要，有助于组织决策质量和速度的提高，提升整体绩效。

第二，揭示了建言采纳决策及建言者评价背后更为深层次的动机。通过从"刺激—认知—反应"的视角来研究建言行为认知对建言采纳决策及建言者评价的影响，揭示了建言采纳及评价背后更为深层次的动机。一方面解释了为什么组织管理者认识到了员工建言的重要性，却不能很好地去鼓励并采纳员工建言；另一方面本书可以帮助员工思考如何建言，何时建言才能更好地得到组织管理者积极的认知并采纳。

第三，促进组织内知识转移与信息的共享。竞争日益剧烈的全球化经济时代，作为当今经济体系基础的知识和信息资源，对各类经济组织的重要性显得更加突出。组织的竞争优势很大程度上取决于其知识转移与信息共享能力的大小，而向上级提出新的工作思路或解决办法，表达和共享创意的组织中的员工建言行为正是实现知识转移和信息共享的必要手段。知识转移五阶段中，"知识的传播"和"知识的获取"尤为关键，因为只有当知识的转移和获取融为一体时，知识和信息的转移才有价值（Levine，1982）。而员工积极主动的进行建言，与组织管理者分享自己的知识和经验，可以有效地促进组织内知识的转移和传播，因此，探讨知识传播和知识获取的建言采纳行为研究对促进组织的知识转移和信息共享，建设学习型组织，保持竞争优势有重要意义。

"建言"属于不在员工职务要求当中的角色外行为，因此，组织管理者不能强制性的去规定或强迫员工对组织现状或工作流程提供一定数量或质量的建议，只能去通过适当的机制去鼓励员工主动建言。然而对于员工来说，到底是选择建言还是沉默，一定程度上取决于建言的收益，这种收益体现在两个方面，一方面是心理上的，主要是建言被管理者采纳带来的成就感和受重视感；另一方面是体现在奖惩机制上，即组织会不会通过激励或评价系统来对建言者献计献策的行为给予回报。因而，管理者建言采纳及评价的影响机理研究不仅有重要的理论价值，而且具有重要的现实意义。综上，基于理论和现实两方面的需求，为了让员工对组织的合理化建议能够被管理者采纳，更好地发挥员工建言行为的积极影响，促进组织创新，本书将对管理者建言采纳及建言者评价机理进行一系列探索性实证研究。

第三节　研究内容与结构安排

本书选取了北京、上海、广东、江苏、浙江、湖北、陕西、甘肃等省几十家企业与单位的基层主管及以上职位的管理者为调查对象，通过实证研究探讨管理者建言采纳及评价机理，其中涉及建言行为特征变量（解决方案、建言框架、建言时机）和建言认知变量（喜好、威胁性知觉、忠诚度知觉、建设性知觉）概念界定，以及建言行为特征变量、建言认知变量及建言者评价、建言采纳间关系的实证分析。

第一个主要内容是建言行为特征对管理者建言认知的影响研究。分别考察了建言行为的三个特征变量——解决方案、建言框架、建言时机对管理者建言认知各维度——喜好、威胁性知觉、忠诚度知觉、建设性知觉的影响。通过对各变量间关系的理论推导，提出假设：解决方案、建言框架、建言时机的不同水平对管理者建言认知的影响有显著差异，并进行了实证检验和讨论。

第二个主要内容是建言行为特征对管理者建言采纳及评价的影响研究。分别考察了建言行为的三个特征变量——解决方案、建言框架、建言时机对管理者建言采纳及对建言者的评价的影响。通过对各变量间关系的理论推导，提出假设：解决方案、建言框架、建言时机的不同水平对管理者建言采纳及对建言者的评价的影响有显著差异，并进行了实证检验和讨论。

第三个主要内容是关注建言行为特征对管理者建言采纳及评价影响的作用机制。本书认为建言行为是通过管理者建言认知这一中介影响管理者建言采纳及评价的。通过对各变量间关系的理论推导，提出假设：管理者建言认知在建言行为和管理者建言采纳及评价间起中介的作用，并进行了实证检验和讨论。

依据以上三个方面的研究内容，本书结构安排如下。

第一章绪论。首先，概括介绍了本书的研究背景，明确研究的理论意义和现实意义；其次，总结归纳了本书的主要内容，介绍了全文的章节安排；最后，对本书所用的研究方法与技术路线进行了分析与说明。

第二章相关理论研究综述。对现有文献进行了回顾和综述，主要对员工建言与管理者建言采纳及评价行为相关概念及研究进行了归纳与总结。包括建言、建言行为、建言采纳的概念发展研究综述，建言行为的前因、结果变量的研究综述，管理者建言采纳的研究方法和影响因素研究综述等。本章的文献梳理为后续的研究构建与实证研究提供了充分的理论依据。

第三章理论模型构建与机理分析。首先介绍了本书的理论基础——认知行为理论，构建了本书的理论模型，然后在文献分析的基础上对核心变量相互之间的逻辑关系进行理论推导。

第四章研究设计与预测试。主要是正式调查研究前的准备。首先，对研究对象（包括预测试阶段和正式调研阶段）的选取进行了说明；其次，是本书的初始测量问卷的设计，应用初始测量问卷进行了预测试，并对预测试进行了样本特征分析及数据分析，在此基础上对初始问卷进行了补充和修正。

第五章建言行为特征与管理者建言认知、建言采纳决策及建言者评价的关系研究。主要考察了建言行为特征变量即建言信息中有无解决方案、以积极方式还是消极方式呈现建言、建言时机的早晚对管理者建言认知、管理者建言采纳及对建言者评价的影响。首先，介绍了研究目的、研究方法，并构建出相应的研究模型，提出了研究假设；其次，进行了验证性因素分析对管理者建言认知、管理者建言采纳及建言者评价的因素结构进行了分析。在此基础上，运用 SPSS19.0 进行方差分析检验了人口统计特征对管理者建言认知、管理者建言采纳及建言者评价的影响；最后，通过方差分析研究了建言行为特征对管理者建言认知、管理者建言采纳及建言者评价的影响，对研究假设进行了验证。

第六章管理者建言认知对建言行为特征与建言采纳、建言者评价的中介效应研究。验证了管理者建言认知变量对建言行为特征与管理者建言采纳、建言者评价的中介效应。首先，介绍了研究目的，并在相关理论推导的基础上提出了待检验的研究假设，根据研究假设及理论推导构建出实证模型；其次，是研究方法的选择；最后，以偏最小二乘法，运用 SmartPLS 进行了研究检验。

第七章研究结论与展望。首先，对本书的研究结论进行了总结与梳理，然后总结了本书对管理实践的启示；其次，分析了研究存在的不足之处；最后，指出了未来值得探索的研究方向。

第四节　研究方法及技术路线

一、研究方法

（一）文献研究

管理者建言采纳及评价的研究目前尚属于较新的研究领域，其相关的研究文献主要为外文文献，具体来说，首先通过 EBSCO – PsyInfo，PsyArticle，PsyBSC，Proquest，SAGE Journals Online 等数据库收集了近几十年 AMR、AMJ、SMJ、ASQ、JAP 等国外顶级管理学、组织行为学、心理学期刊上有关建言行为、建言采纳、建言者评价等的相关文献；国内文献的收集主要是通过"中国期刊网全文数据库"检索了管理世界、管理学报、心理学报、心理学科学进展、心理科学等国内高水平管理学、心理学期刊上的文献。通过仔细研读并梳理这些相关文献，比较全面地掌握了相关领域的有关理论和最新研究成果。

（二）理论研究

本书通过对国内外相关研究文献进行了广泛系统的查阅和仔细研读，系统总结了关于建言行为、建言采纳、建言者评价等方面的研究成果，在此基础上对本书的相关变量（建言行为的三个特征变量——

解决方案、建言框架、建言时机；管理者建言认知各维度——喜好、威胁性知觉、忠诚度知觉、建设性知觉）进行了清晰的界定。

在此基础上，通过梳理、总结归纳以往研究的贡献，找出前人研究中存在的不足之处及需要进一步研究的问题，融合中国组织管理特色，确立了本书的主题和研究视角。本书主要以"建言行为—管理者建言认知—管理者建言采纳及建言者评价"这一逻辑思路为主线，依据托尔曼（Edward Chace Tolman，1932）的刺激—认知—反应（S - C - R）模型和决策者—建言者系统（JAS，Judge - Advisor System）（Sniezek & Buckley，1995）进行理论推演并构建出建言行为通过管理者建言认知来影响管理者建言采纳及建言者评价的整体研究框架。

（三）问卷调查

随着统计学的不断发展以及统计分析技术的进步，在组织管理研究领域，用问卷调查的方法来收集数据，进行定量研究也越来越受到广大社会科学研究者的青睐，在科学研究过程中得到广泛应用。问卷调查研究方法的优势主要在于：第一，可以进行大规模的调研，能够快速有效的收集大量数据；第二，问卷调查结果容易量化。问卷调查是一种结构化的调查，其调查结果一般都能被量化；第三，成本低廉，与其他研究方法（如观察法、实验法）相比，通过问卷调查来收集研究数据是最为经济的；第四，被调查者较少受到调查者的干扰，容易得到被调查者的支持。尤其是近年来，随着电脑的家庭普及率的提高与网上调研服务机构的发展，电子问卷也开始被越来越多地应用在数据收集上。研究者可以通过网站、电子邮件等来发放与回收电子问卷，与纸质问卷相比其成本更低，回馈速度更快，而且可以有效释放被调查者作答时的某些心理包袱，更重要的是数据记录和提取也异常方便，便于后期的筛选和分析。因此，本书采用问卷调查的方法来收集数据。

本书的整个调查过程分为两个阶段，第一阶段从江苏省、江西省、湖北省选取了五个高校管理类专业的在校大三、大四本科学生干部（班级干部或学生会等社团干部）进行了预测试，共收回问卷116份，并针对调查结果选取部分学生进行了访谈，根据预测结果和相关访谈反馈信息对问卷进行了修改。第二阶段正式调研数据则是来源于国内各类组织管理者填写的问卷。共收回符合要求的有效问卷302份。

（四）数据分析

在正式的大规模问卷调查的基础上，运用SPSS、SmartPLS等统计软件对所得数据资料进行分析、处理，对本书构建的理论模型和研究假设进行检验。主要遵循以下几个环节来进行数据的处理与统计分析：第一，SPSS19.0版的缺失值分析模块对缺失值进行了分析与处理。第二，数据质量的评估与检验。主要进行鉴别度分析和内部一致性信度分析。题目鉴别度分析主要通过观察修正后项目和与总分的相关系数来净化测量题项，删除某些可能导致变量产生多个维度的"垃圾条款"，以使测量题项能够更好地解释每个因子。内部一致性信度分析则通过克朗巴哈信度系数来检验。第三，用预测试数据进行了KMO检验和巴特利特球形检验以判断是否可以进行因子分析。第四，运用SPSS19.0的"降维——因子分析"进行了探索性因子分析，以检验各个题项的单维性。第五，运用验证性因子分析进一步检验量表的效度和信度。第六，运用方差分析检验调查对象人口统计特征的控制效应。第七，使用SPSS19.0和SmartPLS等软件完成对理论模型的验证。

二、技术路线

本书主要遵循理论研究与实证研究相结合，定性研究与定量研究相结合的原则，在对有关建言行为、建言认知、建言采纳与建言者评价相关研究成果进行回顾和梳理的基础上，在理论层面上对三者之间的逻辑关系进行推演，构建出研究的理论框架。并通过预测试、探索

性因子分析、验证性因子分析、正式调研的实证研究对理论模型进行
检验，通过严谨的分析和计算，力求得到准确可靠的研究结论。具体
技术路线如图 1-1 所示。

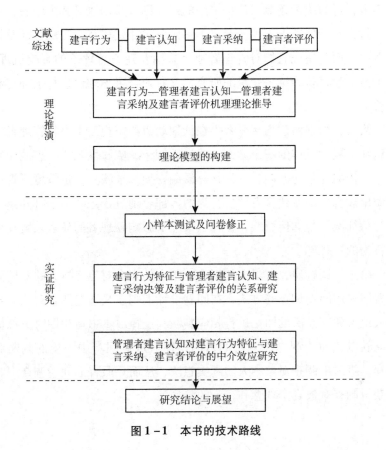

图 1-1 本书的技术路线

第五节 可能的创新

本书综合了组织行为学、决策学、心理学等有关理论内容，在前
人丰富研究成果的基础上，对管理者建言采纳及建言者评价影响机理
进行了研究，构建出相应的概念模型，并进行了实证检验。本书的研

究成果丰富和完善了现有理论研究，有以下几个鲜明的特点。

第一，丰富了建言行为理论研究。目前，组织行为领域对建言的研究主要集中在其前因变量的探索上，而对建言行为结果变量的研究却不多；行为决策领域对建言采纳的研究则多是以接受者为中心，对建言行为本身的特点很少涉及；本书同时关注建言行为自身特征及接受者两方面，研究它们对管理者建言采纳及建言者评价的影响机理，既丰富了建言行为结果变量的研究，又对建言采纳理论进行了补充和完善。

第二，加强对建言接受者内在认知动机的审视。本书将管理者建言认知扩展为具体的三个方面：建设性知觉、威胁性知觉、忠诚性知觉，并依据托尔曼的刺激—认知—反应模型，推测在一定情境下管理者做出建言采纳及建言者评价行为的内部心理过程，着力于打开建言行为特征变量是如何影响，在什么情况下影响管理者的建言采纳及评价行为的"黑箱"。

第三，调查研究方法上的创新。国内外现有对建言行为的实证研究普遍采用问卷调查的方式，在问卷设计上则多是通过调查对象对自己或他人建言经历的回忆进行相应判断和选择。本书运用即时虚拟情境问卷以达到"观念投射"的目的，即通过对问卷中情境的判断和选择，折射出调查对象本人的真实想法，从而克服普通问卷调查中难以获得调查对象真实观念和行为的弊病。

第二章

相关理论研究综述

本章主要按照以下逻辑对相关文献进行了系统回顾：建言行为的来源及发展，建言行为的相关概念，建言行为的特点，哪些因素影响建言行为，建言行为的结果变量有哪些；建言采纳的研究范式，建言采纳的影响因素，对建言行为及建言采纳进行述评并指出不足之处。

第一节 建言的内涵与外延

随着新技术革命和生产的发展，世界范围内各国之间商品、服务、资金和技术的交流越来越频繁，尤其是 20 世纪后期，商品和服务的国际贸易额和外国直接投资额均呈现大幅递增的趋势，各国之间的经济依赖越来越大。这种全球经济一体化的历史潮流在 21 世纪进一步延续，技术变革加速，商业环境和经济环境变化的速度越来越快。商业环境和经济技术环境急剧变化的趋势使得组织对灵活性和适应性的需求越来越强烈，组织需要它们的员工能够直面环境的挑战，乐于分享信息和知识，主动提出创新观点和意见。尽管组织内部员工参与和放开沟通渠道的需求越来越强烈，然而，许多管理程序变革实践却一再以失败告终，因为组织没有真正的做到支持沟通、信息和知识共享（Beer and Nohria，2000）。为解决这一难题，近年来员工建言行为开始引起了组织行为、组织变革等领域研究人员的关注。

一、建言概念的来源及发展

（一）组织行为相关研究中的建言概念的发展

组织行为相关研究中的建言，来源于英文文献中的"voice"，也有国内学者翻译成"谏言""进谏""上谏"。

1. EVLN（exit, voice, loyalty and neglect）理论框架下的建言

建言概念最初是由赫希曼（Albert O. Hirschman, 1970）提出，在其专著 *Exit, Voice, and Loyalty: Responses to Decline in Firms, Organizations, and States* 中构建了 E-L-V（exit, loyalty and voice）框架模型，指出建言是组织成员对组织层面的满意度降低所做出的一种政治性回应，是员工试图改善不满意的状况而做出的努力，即员工在对组织不满时通常会有两种行为反应选项，一种是换岗或离职，另一种是建言——借此向那些有能力采取行动的人表达疑虑或提出建议，赫希曼并进一步指出忠诚（对组织的依恋）是员工权衡建言还是离职时的一个关键要素，忠诚会减少离职的倾向，增强建言的倾向。据此，他把"建言"定义为"企图从根本上去改变不满意情境时所做出的各种努力，而不是逃避这种令自己不满意的现实"。后来卡里尔·鲁斯布尔特、丹·法雷尔、格伦·罗杰斯等学者（Caryl E. Rusbult, Dan Farrell & Glen Rogers, 1988）在赫希曼的"离职/忠诚/建言"理论基础上发展并提出了 EVLN（exit, voice, loyalty and neglect）理论框架，如图 2-1 所示，他们指出离职、建言、忠诚和漠视是员工面对不满意情境的四种不同的应对策略。在此，对不满意的情境表现出建言行为（voice behavior）可以看作一种呼吁机制或申诉程序，其目的在于缓解企业所有者或管理者与员工双方已经存在或者潜在的冲突和问题，而且，建言是四种应对策略中唯一能够促进组织和个体双赢的建设性行为。至此，建言便作为 EVLN 理论框架的构成部分而被人熟

知。此后，许多学者围绕 EVLN 框架对员工建言做了大量理论和实证研究。比如，纵向研究表明，相比于组织的吸引力，离职者更在意不满意情境下其自身的损益得失；忠诚者主要考虑其行为结果，虽然，忠诚更像是组织的圈套，而不表示确实支持组织；漠视者主要是考虑到行为结果和代价；而建言者则比较难以预测（Michael J. Withey & William H. Cooper，1989）。国内学者中，中国人民大学的孙彦玲、张丽华（2012）在新文化背景下对 EVLN 模型进行了验证性研究，检验了在中国情境中员工不满意时的行为选择，同时检验了经济承诺和理想承诺对建言行为的交互作用。研究发现在员工对工作不满意时，倾向于选择退出及漠视，而不会选择去建言。段锦云、钟建安（2012）选取长三角地区 17 家国有企业 282 名员工进行了工作满意感与建言行为的关系研究，结果显示工作满意感与建言行为呈正向线性关系。

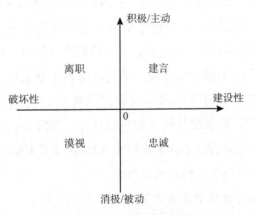

图 2 - 1 EVLN 理论模型

资料来源：Rusbult C E，Dan F，Rogers G，et al. Impact of Exchange Variables on Exit，Voice，Loyalty，and Neglect：An Integrative Model of Responses to Declining Job Satisfaction ［J］. Academy of Management Journal，1988，31（3）：599 - 627.

2. 关系绩效研究框架下的建言

也有众多学者（Van Dyne & LePine，1995；LePine & Van Dyne，

1998）将员工建言行为与周边绩效联系在一起，他们认为员工建言行为是组织内部另一种形式的周边绩效。从表面上看，变革导向行为和直接地、明显地支持社会关系的周边绩效是相对立的，这是因为变革的建议或许会改变现状和破坏人际关系。然而，从本质上讲，诸如建言的变革导向的行为与周边绩效的概念是一致的，建言行为是组织成员以改进工作或组织现状为目的，向组织主动提出建设性意见的一种周边绩效，是周边绩效的一个维度。只不过，建言行为带来的结果只是周边绩效的一部分，因此它的范围也比周边绩效要小一些。类似的，崔镇男（Jin Nam Choi，2007）认为建言与变革导向的组织公民行为之间存在关联，也有学者则直接将建言定义为公民道德（Graham & Van Dyne，2006），这是另一种形式的周边绩效。

建言还曾被作为个人主动性构念的一部分（Nikolaou & Bourantas，2008）。个人主动性指的是在工作中员工为了实现其目标而表现出来的自发的、积极主动的行为，在组织中员工的这种个人主动行为并不总是受人欢迎的，有时候他们的主管可能会认为员工这种主动性，尤其是高水平的个人主动性，是一种叛逆（Frese，M.，Fay & D，2001）。同样的，对管理层来说，他们通常也不欢迎员工的这种建言行为，在工作中大胆指出问题或者提出建议的员工可能会被视为"麻烦制造者"，甚至被其同事和主管孤立。实际上，个人主动性和建言只是个体主动性的不同表现形式（Parke & Collins，2010），它们都反映了个体在行为上的积极进取倾向。

3. EVLN 与关系绩效研究框架外的建言行为

同时，也有越来越多的学者在 EVLN 与关系绩效研究框架之外对建言做了独立的研究，在心理和管理领域，利益相关者参与决策过程受到了极大地研究关注，许多研究者（Earley & Lind，1987；Lind & Tyler，1988；Vroom & Jago，1988）普遍认为利益相关者通过表达自己的意见、担忧和选择（即建言）可以增加程序公平。其后，也有研究进一步把建言这个概念用作组织在决策过程中强调程序公平的一个非常重要的手段，认为建言可以显著改善过程公平、决策控制和结果满意（Hunton，J. E.，Hall，T. W.，Price，K. H.，1998）。程序公平的工具模型表明建言可以增加感知公平，因为它可以提供产生有利结果的可能性；关系模型证实了征集建言可以增加感知公平，因为全体参与者都能感觉到来自其他成员的尊重。

此外，近年来，越来越多的学者开始把建言行为看作有意的、主动地建设性行为独立地进行研究。这些研究主要从个体和组织两个维度展开。个体维度主要研究个体的建言决策过程，也就是说员工个人的个性特征、工作态度等许多因素会影响其建言决策。组织层面的研究认为员工是否会表现出建言行为取决于最高管理团队特征以及组织情境特征（Morrison & Milliken，2000）。梁建，樊景立（Liang J & Farh J L，2008）将组织层面的影响因素称为"建议参与气氛"，表明组织内员工在多大程度上认同并参与企业的合理化建议活动。

（二）决策相关研究中的建言概念

传统决策研究中一般把"Advice"译为"建议"，指的是"对管理者将要做出决定的问题提出推荐"[①]，建议一般是由有知识和权威的一方提供，被称为"Advicer"（建议者），建议者对某件事提出自己的见解或看法，而不需要对该建议或意见负责。建议的接受者是接收到建议，对建议进行识别，做出处理，做出最终决策并对决策结果负责的人（在组织中一般是组织管理者扮演管理者的角色）。也有学者指出建议的意义远不止"帮助管理者做出精确或正确的决策，避免错误"（Heath & Gonzalez，1995），他们认为，对管理者来说，建议可以使其感受到来自建议者的社会支持，从而提高其决策自信。建议不但可以为管理者提供解决问题的信息和思路，帮助管理者进行问题的推理，还可以为管理者提供情感支持，即管理者可以得到建议者

---

① Harvey, k., & Fischer, I. Taking advice: accepting help; improving judgment, and sharing responsibility [J]. Organizational Behavior and Human Decision Processes, 1997, 70, 117-133.

知识和情感两方面的帮助。帮助管理者对各种问题解决方案进行比较分析，筛选掉不合理方案也属于建议的一种（Gibbons et al, 2003）。

后来，有些学者在传统决策研究的基础上，对建议的概念进行了扩展（Dalal & Bonaeeio, 2010），他们把建议分为五种类型：第一种为推荐支持型的建议，即是指支持某项决策的建议；第二种为反对型建议，即是指表达反对某项决策的建议；第三种是提供信息型建议，即是指为决策提供相关信息；第四种为决策支持型建议，指的是为管理者提供技术或思路上的帮助；第五种为社会支持型建议，指的是建议者从人际互助或社会情感上给管理者以支持，帮助其调节决策压力，提高其决策自信。

综合以上相关概念，发现组织行为研究领域"Voice"和决策研究领域的"Advice"的根本目的是一致的，简单来说，都是给管理者提供建议或意见以提高决策的准确性，防止错误发生。只是在研究范畴上有些不同，第一，组织行为相关研究中的"Voice"一般是主动性的角色外行为，而决策研究领域中的"Advice"范畴更广泛，可以是角色外行为，也可以是角色所要求的行为，比如咨询人员或者参谋人员提供的建议。第二，组织行为相关研究考察的是社会经济组织中的"Voice"，而决策研究领域中"Advice"的研究范围更广泛，涉及人们生活和工作的各个方面，如购物、职业选择、投资决策等。为统一概念，本书中后文中均采用"建言"一词，研究社会经济组织中的主动性的建言行为。

二、与建言行为相关的概念

（一）沉默

在现有文献中，沉默一般被看作是和建言相对立的一个概念。在许多组织中普遍存在一种强大的约束力，这种约束力导致员工对组织潜在的问题保留自己的看法，从组织的层面把这种集体现象定义为

"组织沉默"（Morrison & Milliken，2000）。从员工个人的角度，员工沉默指的是当员工有能力改进当前组织绩效时，却保留了对组织环境等方面的行为的、认知的或感情的评价，指的是员工对组织潜在的问题保留个人观点的行为（Pinder & Harlos，2001）。也有学者在对这两种定义进行对比分析的基础上，指出沉默不是建言的对立面，强调沉默是员工通过对事件进行分析，有意保留自己关于工作的意见和建议，是有意识选择的结果，和"不建言"不能画等号（有时候不发言是因为员工对事件没有全面认识），员工沉默/组织沉默的内在动因比建言行为要更加复杂（Dyne，2003）。

（二）组织公民行为

"组织公民行为"（organizational citizenship behavior，OCB）是1983年由美国印第安纳大学的丹尼斯·奥根及其同事首次提出的，他们将组织公民行为定义为："未被正常的报酬体系所明确和直接规定的、员工的一种自觉的个体行为，这种行为有助于提高组织功能的有效性。"组织公民行为具有以下四个特征：第一，组织公民行为是工作职责范围以外的行为；第二，组织公民行为与正式薪酬奖励制度没有直接关系；第三，组织公民行为对组织长期效应有重要积极影响；第四，员工是否履行组织公民行为均不会受到惩罚。

通过前文对员工建言行为的内涵分析可以看出，员工建言行为也是符合组织公民行为上述四个特征的，因此，它是属于组织公民行为的范畴。许多组织行为方面的研究也是把员工建言行为看作一种旨在改善的组织公民行为进行研究的，比如把组织公民行为分为助人行为和建言行为（Van Dyne & LePine，1998），即是说员工建言行为是组织公民行为的一个维度；香港科技大学的樊景立等（Farh J. L.，Zhong C. B. & Organ，D. W.，2004）通过对中国大陆企业的实证研究证实了员工建言行为是组织公民行为在中国情境下的独立维度之一。

综上所述，员工建言行为是可以提升组织效能的一种组织公民行为，两者的区别就在于员工建言行为包含的内容较少，算是组织公民行为的一个维度，而组织公民行为包含的内容较广。

（三）告密行为、观点推销

告密行为和观点推销是两个和建言行为相接近的概念。

告密行为是指由（过去的或现任的）组织成员向有影响力的个人或组织披露组织内不合理的、不道德的或非法问题的行为。组织中产生告密行为需要三个条件（Near & Miceli，1996）：第一，被控涉嫌过错方；第二，发现过错的告密者；第三，报告过错的接受方。告密是至少涉及这三类社会角色的动态过程，整个过程中涉及各种权衡、决策。告密者决定去告密取决于两个条件：一是他/她的个性变量使他/她相信告密行为是合适的；二是导致他/她相信"需要告密"的情境变量。因此，个性特征和情境变量是高密行为的两个预测变量，与建言相比，告密行为属于一种抑制型、挑战型的角色外行为。

也有学者提出观点推销这一概念，用于描述组织中中层管理者试图引起管理者对组织发展趋势和组织活动的关注的行为，这些活动对组织绩效有重要影响（Dutton & Ashford，1993）。推销的观点包括很多，比如组织环境的变化（技术变革或人力资源的变动）、员工满意度的日益降低等。与建言相比，观点推销主要强调的是中层管理者所做出的努力，同时强调中层管理者所推销的观点并不是都会引起高层管理者的注意，因此，只有在"正确"的时间推销"正确"的观点才会带来满意的职业福利。继简·达顿、苏珊·艾许福（Dutton & Ashford，1993）之后，学者们对此展开了一系列实证研究（Ashford et al，1998；Dutton et al，2002；Mullen，2005）。这些研究呈现出两大特点：第一，研究主要考查了情境变量对人们推销某种具体观点的意愿的影响，特别强调高层管理者的开放性和组织文化/规范的影响；第二，这些研究考察了观点推销的中介机制（比如印象风险和成功概率），这一点在建言行为研究中较少提到。

三、建言行为的内涵

本书是以组织中独立的个体为研究对象。在国内外现有研究文献中，立足于个体层面对建言行为进行定义的主要有：

赫希曼（1970）将建言行为定义为"企图从根本上去改变这种情境时所做出的各种努力，而不是逃避这种令自己不满意的现实"。

林·凡·戴恩和杰弗里·勒平（Linn Van Dyne & Jeffery A. LePine，1998）的定义是"一种旨在改善而不仅仅是批评的挑战性行为，即使在其他人不赞同的情况下，仍会提出改变或者修改标准流程的改革性意见"，该定义主要强调建言行为是"以改善为目的的建设性意见的表达"。

基于任务绩效和周边绩效的个体差异理论，杰弗里·勒平和林·凡·戴恩（2001）把建言行为定义为："一种建设性的、以改善组织现状为导向的沟通行为。"

林·凡·戴恩、洪洵和伊莎贝尔·波特罗（2003）把员工建言行为看作"一种动机因素，在这种动机因素的驱使下员工们愿意去表达与工作有关的想法、信息和意见"，并指出员工主要有三种具体的动机"为了不被辞退而产生的疏离行为""因为恐惧而产生的自我保护行为""基于合作产生的他人取向行为"，相应地，员工会表现出三种不同的建言行为"默许性建言、防御性建言和亲社会性建言"。

索尼娅·普雷莫和阿瑟·贝德安（2003）认为建言行为是"公开陈述自己有关工作场所问题的看法或观点，包括对他人行动或者工作的看法，提出建议或者指出需要改善的方面，找出替代性方案或解决工作方面问题的不同思路"。在这里，不考虑总体工作满意度如何，员工都希望通过自己提出的不同方案或不同思路可以改善组织。

詹姆斯·德特尔特和伊森·布瑞斯（2007）认为"员工建言是以改善为目的的语言行为，其建言的对象是组织中对该问题有发言权的人"，在此，仅当其所估计的预期收益超过潜在的建言成本时，员工才会表现出建言行为，这些潜在的建言收益主要包括"正式的收益（金钱或提升）或非正式的报酬（他人认同或受到重视）"。

梁建、樊景立（2012）指出"建言是人际交往中一种刻意的、有计划的行为"，同时，他们通过研究证明了有三种因素会影响个体执行计划行为的动机"心理安全感""推动积极改善的责任感""组织自尊"。

表2-1对建言行为的定义进行了汇总。

表2-1　　　　　　　　　　建言行为定义汇总

学者	定义
赫希曼（1970）	企图从根本上去改变这种情境时所做出的各种努力，而不是逃避这种令自己不满意的现实
林·凡·戴恩、杰弗里·勒平（1998）	一种旨在改善而不仅仅是批评的挑战性行为，即使在其他人不赞同的情况下，仍会提出改变或者修改标准流程的改革性意见
杰弗里·勒平、林·凡·戴恩（2001）	一种建设性的、以改善组织现状为导向的沟通行为
林·凡·戴恩、洪洵、伊莎贝尔·波特罗（Linn Van Dyne, Soon Ang, Isabel C. Botero, 2003）	建言是一种动机因素，在它的驱使下员工们愿意去表达与工作有关的想法、信息和意见
索尼娅·普雷莫、阿瑟·贝德安（Sonya Fontenot Premeaux & Arthur G. Bedeian, 2003）	公开陈述自己有关工作场所问题的看法或观点，包括对他人行动或者工作的看法，提出建议或者指出需要改善的方面，找出替代性方案或解决问题的思路
詹姆斯·德特尔特、伊森·布瑞斯（James R. Detert & Ethan R. Burris, 2007）	建言是以改善为目的的语言行为，其对象是组织中对该问题有发言权的人
梁建、樊景立（Jian Liang & Ji-ing-Lih Farh, 2012）	建言是人际交往中一种刻意的、有计划的行为

资料来源：作者整理。

综上所述，这些文献中虽然有的构念没有明确的用"Voice behavior"一词来表示建言，但都指的是口头表达信息、意见和观点，具有更好地协作、为组织做贡献等积极的动机，也就是说，员工建言行为具有主动的、积极的、他人导向的特点。

第二节 建言行为的相关研究

对建言行为进行全面的探讨应该从"前因"——主要研究哪些变量会影响建言行为的产生，或者说哪些变量可以预测建言行为和"后果"——建言行为会给组织和建言者以及管理者带来什么影响——两个方面进行，国内外现有文献对建言行为前因变量从各个视角进行了深入的研究，而仅有少数研究涉及了建言行为的内在机理与结果变量的探讨。

一、建言行为的前因变量研究

现有文献中，对建言行为前因变量或者说预测变量的探讨占了绝大多数。这些对建言行为前因变量的研究，主要涉及个体层面影响因素、领导行为影响因素和组织情境影响因素三个层面。

（一）个体因素

影响建言行为的个体因素主要有人口统计学变量、个体特征、个体态度。

1. 人口统计学变量

对建言行为有影响的人口统计学变量主要有性别、年龄、教育程度、员工资历等。

从性别来看，男性员工比女性员工表现出更多的建言行为（Detert & Burris，2007），因为相比于女性，男性在组织中影响能力更强，更易受到领导重视，愿意去向上建言。这一点和国内学者段锦云等（2007）在中国情境下进行的研究结论是一致的，段锦云等指出中国及东方传统文化造就了女性隐忍的个性特征，在此影响之下，女性更少去建言。

丹·法雷尔和卡里尔·鲁斯布尔特（Dan Farrell & Caryl E. Rusbult，1985）研究了教育程度这一人口统计学变量对建言行为的影响，他们的研究证实了年轻而又教育程度高的员工会更倾向于发起建言。而段锦云、王重鸣、钟建安（2007）通过对长三角地区 17 家国有企业的361 名员工的调查研究发现与低学历的员工相比，高学历的员工更少表现出建言行为，他指出这是因为高学历员工更加"内敛"。王二博（2007）通过对许昌、开封、郑州三地 244 名员工进行调查研究，结果表明员工建言行为的两个维度——规劝指正和出谋献策在性别、年龄、学历等方面存在显著差异，从性别上看，男性员工更愿意去表现出"规劝指正"及"出谋献策"的建言行为；从年龄上看，年轻员工更愿意去"出谋献策"；从教育程度上看，学历越高的员工会表现出更多的"规劝指正"的建言行为。梁颖（2009）对组织中员工沉默现象进行了研究，分析了人口统计学变量在员工沉默的不同维度上的差异性，结果表明亲社会沉默在性别、年龄、学历、工龄、职位等变量上差异不显著，其他几个维度在这些人口统计学变量上差异较为显著。

2. 个性特征

人格心理学家们在人格模式上达成了共识，提出了人格的大五模式：外倾性、神经质或情绪稳定性、开放性、宜人性、尽责性。杰弗里·勒平和林·凡·戴恩（2001）为了说明和检验建言行为是一种周边绩效，研究了"大五"人格特征对建言行为的影响，研究结果表明，外向性、责任心和开放性与建言行为的相关系数分别是 +0.30、+0.26、+0.09；开放性、神经质与建言行为的相关系数分别是 -0.12、-0.16，即较易表现出建言行为的员工一般都是外向型气质和责任心较强的，外向型而容易听从别人的员工或神经质的员工较少表达自己的观点。Ioannis Nikolaou, Maria Vakola & Dimitris Bourantas（2008）对希腊334名专业人士（管理者及高层管理者）进行了调查，研究了员工的个性特征与建言行为的关系，结果表明责任心和情绪稳定性可以对员工向直接上级建言的行为有较强的预测能力。也有学者认为有些非大五人格特质与大五人格特质一样甚至比大五可以更好地预测工作绩效及与工作相关的行为，比如主动性人格、自我控制和害羞（Fuller et al，2006，2007；Hayes et al，2006；Seibert et al，2001）。对此，马克尔·柯兰特、金台烈（J. Michael Crant, Tae - Yeol Kim & Jie Wang，2011）把大五人格特征与非大五人格特征进行了对比研究，考察了个性特征对建言行为的发生及有效性的影响，指出外向性、责任心和主动性人格与建言行为的发生有关，而责任心和宜人性与建言有效性评价有关，当把所有的大五人格特征和非大五人格特征同时做回归分析，发现只有主动性人格能够显著预测建言行为的有效性。并指出主动性人格比大五人格特征更能很好地预测员工向其上级建言的行为以及建言的有效性。

我国一些学者也研究了个性特征对员工建言行为的影响。其中，段锦云、王重鸣、钟建安（2007）的研究表明开放性、神经质和宜人性对建言行为是呈负面影响的，责任心和外向性对建言行为起着积极推动作用。梁建、唐京（2009）通过对一家连锁超市67家分店的335名员工和67家分店经理的研究发现，高主动性个性特征与员工建议行为正向相关，这类员工更易于公开表达自己的看法和观点。凌斌、段锦云、朱月龙（2010）则对害羞特质和员工建言行为之间的负相关关系进行了实证研究。

3. 个体态度

个体工作态度方面，国内外学者主要是选取工作满意度及情感承诺这两个因素来进行研究的。赫希曼（1970）指出当员工对组织不满意时，建言是主要应对策略之一，也就是说满意感很大程度上决定了是否去建言。当员工不满意时，会面临两个抉择：一是离职还是不离职；二是建言（行动、参与）还是沉默（不行动、不参与）（Barry,

1974），而员工若只是对组织某些方面不满意，一般不会立即中止和组织的雇佣关系，相比之下，沉默还是建言的选择在工作中非常普遍（Milliken et al，2003；Ryan & Oestreich，1998）。丹·法雷尔和卡里尔·鲁斯布尔特（1992）也证实了工作满意度和建言高度相关。林·凡·戴恩和杰弗里·勒平（1998）对美国本土企业的研究表明个体对群体的满意度会影响员工建言行为，同样，詹姆斯·德特尔特和伊森·布瑞斯（2007）研究证实了连锁餐馆员工的整体满意度与向经理提供改善导向的建言行为正相关。而 Michael J. Withey 和 William H. Cooper（1989）则指出员工满意度对建言行为之间的正相关关系很低，很难用满意度来预测建言行为。哈格顿等学者（Hagedoorn，1999）提倡把建言划分更详细的维度来研究，他们把建言划分成关怀型建言和侵犯型建言两个维度，并指出工作满意度和关怀型建言正相关，和侵犯型建言负相关。段锦云、钟建安（2012）通过对长三角地区 17 家企业的 282 名员工的研究发现工作满意感和建言行为呈现正向的线性因果关系，且工作满意感与情感承诺交互影响显著，工作满意感越高，承诺度越高，组织中越多的员工乐意去建言。

赫希曼（1970）用心理依附来描述员工忠诚，心理学家把它称为"情感承诺"（affective commitment）（Luchak，2003）——组织中员工的情感依附、认同、参与（Meyer & Allen，1991），心理上认同组织的目标和价值观，作为组织成员的自豪感。情感承诺会提高员工参与，高情感承诺的员工倾向于发起更多的建言，希望能够改善组织，即使这种改善需要挑战现状（Harrison，Newman & Roth，2006），因为这类员工常常会想让自己在组织中更有影响力，尤其是当他/她认为组织在朝着错误的方向前进时（Hirschman，1970）。相应地，低情感承诺的员工体验不到帮助组织的动力，不太可能花费精力去帮助组织（LePine & Van Dyne，1998），因此，这类员工缺乏建言的动机，不太可能尝试去说服那些有力量改善组织运作的领导者。

曾春燕（2011）研究了心理契约违背这一个体工作态度变量对

员工建言行为的影响，把心理契约分为三个维度：发展型心理契约、关系型心理契约和交易型心理契约，通过实证研究发现发展型心理契约与员工建言行为之间没有显著相关性，而关系型心理契约、交易型心理契约的违背程度越高，越不能激发员工的建言行为。

（二）领导行为影响

国内外研究大多是分别从积极领导行为和消极领导行为两个方面来开展研究，探讨领导行为对建言行为的影响。

詹姆斯·德特尔特和伊森·布瑞斯（2007）研究发现开放型领导和员工建言行为正相关。詹森等（Jansse，1998）的研究结果显示：员工更容易向正直公平的上级去表达他们的意见和建议，而如果他们的上级是刚愎自用型的，则更多选择沉默而很少去建言。詹姆斯·德特尔特和伊森·布瑞斯（2007）指出在高管理开放性的领导者的鼓励之下，员工不用担心承担人际风险，受到负面影响，而愿意与领导者去沟通。凌斌、段锦云、朱月龙（2010）对华东地区369名企业员工进行了配对问卷调查，检验了管理开放性和心理授权对员工的害羞这一个性特征和建言行为之间的显著调节作用。梁建、唐京（2009）研究发现变革型领导对员工建言行为起到正向预测作用。梁建（2014）从一个全新视角，把"员工建言"看作组织创新的重要元素，通过对一零售企业239名员工的两阶段调查，发现道德领导与员工建言行为存在正向相关关系，揭示了道德水平较高的领导者激励员工建言的心理过程。

除了积极领导行为外，许多学者认为工作场所中的破坏型领导行为也会对员工态度、行为及健康产生很重要的影响（Aasland et al，2010；Hoel et al，2010）。其中，"来自上级的、持续的语言或非语言的敌意行为"的辱虐式领导，会导致许多消极后果，如员工工作态度差，严重的会导致家庭冲突、心理困扰、高离职意向等（Tepper，2000；Tepper et al，2006）。按照社会交换理论，辱虐式领导会伴以来自员工的（直接的或间接的）不利响应，而权力依赖理论表明，由于领导者及其下属权力大小的不同，权力小的个体在面对不利待遇时的反应会受到限制（Zellars，Tepper & Duffy，2002），因而，员工对来自上级的消极对待的报复方式只有撤回那些自愿的、领导者不能强制执行的角色外行为。在此理论指导下，伊森·布瑞斯和詹姆斯·德特尔特（2008）通过对餐饮业 499 名管理者的研究发现对员工不理睬甚至冷嘲热讽的辱虐式领导对员工建言行为有着较强的负向预测。在此基础上，Alannah E. Rafferty 和 Simon Lloyd D. Restubog（2011）对辱虐式领导和建言行为的关系做了进一步研究，发现辱虐式领导是通过互动公平、自尊及工作价值对员工的亲社会建言和亲社会沉默产生影响的，辱虐式领导和员工的互动公平显著负相关，互动公平又反过来与亲社会建言行为负相关；同时，辱虐式领导会削弱员工的工作自尊和价值感，进而产生亲社会沉默。

我国学者也相继对组织中的破坏型领导行为对员工建言的影响进行了研究。李锐、凌文辁、柳士顺（2009）通过实证研究发现上司不当督导对下属建言行为具有显著的负面影响。周建涛、廖建桥（2012）对 66 名领导与其 286 名下属进行了配对研究，研究表明威权领导对员工建言存在显著的负向预测。周浩、龙立荣（2012）指出在中国传统文化影响下，家长式领导风格会影响下属员工的建言行为。

（三）组织情境影响

影响建言的情境因素主要有建言氛围、组织/团队规模、组织心理特点、权力距离等。比如詹姆斯·德特尔特和伊森·布瑞斯（2007）发现员工心理安全对领导开放性和下属员工的建言行为起到中介作用，即只有当员工觉得安全时，才会向上级进行建言。伊莎贝尔·波特罗和林·凡·戴恩（2009）分别在美国和哥伦比亚进行了权力距离和建言行为关系研究，这两个研究均证实了在组织中权力距离变量与员工建言行为呈现出负相关关系。段锦云、王重鸣、钟建安（2007）指出组织公平对员工建言行为有显著促进作用，公平的组织氛围可以帮助员工表现出更多的亲社会行为。田晓明、王先辉、段锦云（2011）通过研究指出组织建言氛围通过心理安全感等心理过程转化为个体具体的建言行为，并指出建言氛围不应局限于组织层面和领导层面，团队氛围也是建言氛围的来源。

权力距离取向指的是个体对上级拥有的地位和威望的程度的信念，以及个体应当支持和接受上级指示的程度。它代表了适用于任何情境下的一种相对稳定的个体信念，在工作环境中，拥有较高权力距离的员工相信上级应该比自己有较多的权力，而较低权力距离取向的员工认为所有的人应该是相对平等的，员工有表达自己想法和观点的权力（Hofstede，1980）。不同文化下的个体权力距离大小也不同，吉尔特·霍夫斯塔德（Geert Hofstede，1980）把权力距离看作是一种文化与另一种文化相区别的第一个维度。建言作为一种挑战现状的行为，有其一定的风险（Edmondson，1999；Van Dyne et al，2003）。在组织中，上级控制员工完成工作所需资源，同时制定员工必须遵守的规则。因此，指向或针对其上级的建言尤其危险，等级差异使得向上发表变革的观点变得危险，因为员工会担心引发处罚等不良后果。考虑到建言可能的风险，个体的权力距离指向呈现负相关关系。高权力距离的个体对地位的差异感到非常自然，他/她们接受上司的权威，不喜欢去质疑或挑战当权者，而是服从上级。因此，权力距离较高的个体不太可能去提出与变革有关的建议，因为这与他/她们的文化价值观不一致，可能会被看作挑战上司的地位。相反，那些权力距离较低的文化价值观倾向于淡化地位的差异，拥有这类价值观的个体更易于去表达自己的看法，以促成建设性的变革，因为他/她们相信好的创意可以来自各个等级，较少受到上级正式权威的影响。

也有学者对其他组织情境因素的影响进行了研究，比如托马斯·伍和丹尼尔·费尔德曼（Thomas W. H. Ng & Daniel C. Feldman，2012）从资源保存理论（conservation of resources，COR）的视角研究了工作压力与建言行为的关系，他们指出一方面处于压力之下的个体可能会出于资源保存的目的倾向于更少去建言，因为提出建议并试图挑战现状有一定的社会风险，同时会花费时间和精力（Detert & Burris，2007；

Organ，1988）；而另一方面高度压力之下的员工也有可能更频繁的建言，因为通过说服上级给他/她额外的资源来解决问题，即可以有利于获得更多的资源来缓解压力（Dundon & Gollan，2007），托马斯·伍和丹尼尔·费尔德曼（2011）对于这两个对立的观点进行了检验，结果发现工作场所压力对员工的消极影响是动态的，个体在较高的工作场所压力之下会很少去建言以保护个人资源，反过来这种沉默会影响其未来工作表现所需资源的获得，因此工作场所压力形成了一个消极的螺旋型效应，那些压力较大的员工很少能获得额外资源以扭转其未来的工作表现。相反，那些工作场所压力水平较低的员工会更多地去建言，相应地帮助他/她获得更多的资源，进一步提升其工作绩效。

　　综上所述，现有文献主要从个体因素、领导行为因素和组织情境因素三个方面入手，研究建言行为的影响因素。主要研究成果如图2-2所示。

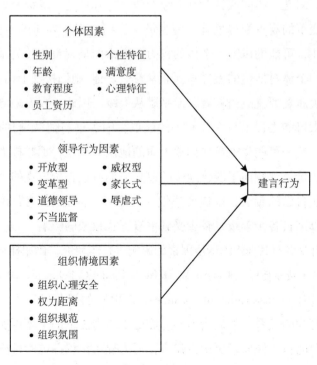

图2-2　建言行为影响因素的研究成果

二、建言行为的结果变量研究

纵观现有的研究员工建言行为的文献，把建言行为作为前因变量进行的研究比较少，在中国情境下进行的建言行为结果变量的讨论更少。这些研究主要集中在建言行为对员工公平感、员工离职率以及个人绩效评价和组织效能的影响几个方面。

（一）对员工公平感的影响

组织公平和员工建言是一对互为影响的变量，一方面，组织公平会影响员工的建言决策，另一方面，建言机制是否健全也会影响员工的公平感，詹姆斯·亨顿、托马斯·霍尔和肯尼斯·普里斯（James E. Hunton, Thomas W. Hall & Kenneth H. Price, 1998）的研究表明员工建言的数量越多，他们就会感知到更多的组织公平，即一定程度上员工建言的机会或者机制可以预测组织公平感知，认为建言可以显著改善过程公平、决策控制和结果满意。而德里克·艾弗里和米格尔·昆诺斯（Derek Avery & Miguel Quinones, 2002）则指出仅仅提供建言机会对程序公平感的影响不大，同时建言能否被采纳或者被采纳的程度也会影响员工的程序公平感。兰多·杰奎琳（Landau Jacqueline, 2009）通过研究指出那些建言得到及时回应的员工，会增强员工的程序公平感，组织承诺水平会得到加强，如果员工建言受挫（管理者对建言没有回应），将会降低员工的程序公平感知。

（二）对员工离职率的影响

丹尼尔·斯宾塞（Daniel G. Spencer, 1986）发现组织建言机制的多少和员工保留率密切相关，员工建言机制越多，员工保留率越高，在这里丹尼尔·斯宾塞所研究的"建言"仅仅是指员工对当前工作各个方面的不满的一种反应，和我们研究的旨在改善组织，以变革为导向的建言是有区别的。兰多·杰奎琳（2009）研究了建言行为对员工离职意向的影响，结果表明那些建言得到及时回应的员工，离职意向比较低。伊森·布瑞斯、詹姆斯·德特尔特和亚历山大·罗姆尼（Ethan R. Burris, James R. Detert & Alexander C. Romney, 2013）发现建言者和管理者对员工的亲社会建言者评价和被动离职率没有显著的相关关系。

（三）对个人绩效和组织效能的影响

组织中的员工建言（比如员工观察到组织中存在的问题或有关工作流程方面存在的问题而提出的改进意见）对个体和组织健康发展都非常重要，当员工不愿意去建言的时候，很多宝贵的信息公司就不能及时掌握，比如，一个公司若是不能获得销售人员的客户反馈信息，或许他们的产品很快会被更能快速响应的竞争对手所超越。

很多文献，无论是从管理者视角或者建言者视角来开展研究，大多数都认为这种以改善为目的的员工建言会给组织和建言员工本人带来积极的结果。林·凡·戴恩等（1998）通过研究发现建言对员工的绩效评价产生积极影响，通常员工在工作中发现问题时，如果他/她能够积极主动地去建言，这会给上司传达一种"忠诚、态度端正"的信号，因而该员工会得到上司的肯定（Stamper & Van Dyne, 2001）。史蒂文·怀汀、菲利普·珀德瑟科夫和杰森·皮尔斯（Steven W Whiting, Philip M Podsakoff & Jason Pierce, 2008）同样也发现建言能够对员工个人绩效评价结果产生显著的积极影响。

然而，也有学者通过实证研究表明有时候建言可能会对员工产生不利的结果，如布莱克·阿什福斯和罗纳德·赫胥黎（Blake E Ashforth & Ronald H. Humphrey, 1995）指出经常发表意见的员工可能会被同事们贴上负面的标签，影响其职业发展与晋升；员工之所以会选择沉默很多时候是担心被其他组织成员孤立（Bowen, 2003）。也有学者则认为建言和绩效评价没有直接影响，应该考虑其他调节变量的影响，当员工能够成功地控制愤怒等消极情绪时进行建言，管理者会更倾向于采纳员工的意见并最终从中受益（Tiedens, 2001），因为那些消极情绪（如沮丧和愤怒）通常使员工做事不顾后果，用一种侵犯式（Chiaburu et al, 2008；Kish-Gephart et al, 2009）的方式去表达建言，这样会使接受者（管理者）感觉受到批评的威胁，而不是接收到了建设性的建议。伊森·布瑞斯、詹姆斯·德特尔特和亚历山大·C. 罗姆尼（2013）区分了管理者以及建言者本人对建言的不同评价水平，只有当建言者和管理者对员工的亲社会建言者评价都比较高时，建言者会得到较高的综合绩效评价。金台烈、本森·罗森和李德罗（Tae-Yeol Kim，Benson Rosen Rosen & Deog ro Lee，2009）研究了韩国企业中员工建言态度和沟通方式对管理者反应的影响，当员工表达对组织政策的不满时态度（侵犯还是谈判）的选择很重要，如果采取极端的侵犯的方式，管理者则不会表现出社会支持，而是表现出社会侵蚀行为。

以优化工作流程或改进组织现状为目的的建言行为有助于组织的持续改进和组织适应（Ashford et al, 1998），同时也是产生新观点、新思想，促进组织创新的土壤，段锦云（2011）通过理论研究，指出通过充分汇聚员工的智慧，接纳他（她）们的建言，才能保持组织的持续改进，促进组织创新（包括员工创造力的提升）。

三、建言行为的研究总结与评价

当前对建言行为的研究主要从以下两个大的方面着手：一是探究有哪些因素会影响员工的建言决策；二是员工向上级建言的结果如何，会对建言者自身以及组织带来哪些影响，这些影响是积极的还是消极的。

对于影响员工建言行为的前因变量，国内外众多学者在不同文化背景、不同组织情境中进行了深入的探讨，研究成果较为丰富，探讨视角也比较全面。概括起来影响建言行为的因素主要有三个方面：一是员工个人因素，包括人口统计学变量、个性特征、心理特征、个体动机、个体态度等；二是领导行为因素，主要考查不同领导行为方式，如开放型、变革型、道德型、威权型、家长型等领导行为方式对激发员工建言行为的相关程度；三是组织情境因素，如组织心理安全、权力距离、组织规范、组织氛围等对建言行为的影响。也有相当大一部分文献综合考察了个人因素、领导行为因素和组织情境因素的交互效应对建言行为的影响。

与建言行为前因变量的研究相比，国内外学者对建言行为结果变量的关注不是特别多，尤其是国内对建言行为结果变量考查的实证研究几乎没有。仅有的文献主要从以下三个角度来开展研究：建言行为对员工公平感、员工离职率以及个人和组织绩效评价的影响。

总的来说，建言是一个受到多方面因素影响的复杂行为。以往的研究者已经找到了许多可以预测员工建言行为的因素。然而，各个学者的研究结论却不一致，比如前文所述关于建言者工作满意度和建言的相关性研究，一些研究报告显示两者之间显著正相关（Dyne & Lepine，1998；Detert&Burris，2007），而有些研究却发现员工建言与工作满意度有些维度正相关，与有些维度负相关（Hagedoorn，1999），还有学者指出员工满意度对建言行为之间的正相关关系很低（Withey & Cooper，1989），不能用满意度来预测建言行为。造成这些不一致的原因可能是构念污染或量表本身内部信度比较低。因此，尚缺乏对员工建言行为预测因素的整合性研究。

此外，目前建言行为研究的主体都是考察的建言者，而对建言对象——管理者的关注比较少。我们研究建言这种双向的沟通行为，要想提高建言的成功率，不仅仅要考察哪些要素或机制会诱发建言，而厘清管理者建言采纳的过程机制则更为重要。

第三节　建言采纳相关研究

一、建言采纳研究范式

关于建言采纳的研究主要集中在行为决策领域，相关的文献中，建言（advice）① 通常被指的是供管理者选择的建议，从维护决策准确性以及决策自主权的不同程度，可以分为三种类型：第一，关于不要选择哪种方案的建议；第二，提供可选的其他替代性方案；第三，应当如何做出决策的建议（Dalal，Reeshad & Bonaccio，2010）。

（一）建言给予与接受模型

赫尔穆特·容格曼（Helmut Jungermann，1999）提出了建言给予与接受（AG&T，advice giving and taking）的简单线性模型。在该模型中，建言者是相关领域的专家（比如法律顾问、理财咨询师、投资顾问、管理咨询顾问等决策问题领域专业水平较高的人），建言接受者是外行（比如普通民众、公司职员、纳税人、基层管理者等缺乏相应专业知识前来咨询的人）。且建言给予者和接受者都已经认识到自己在专业知识上的差别，并已经做好给予和接受的准备。AG&T模型分为四步：第一步，建言给予者与接受者/咨询者针对要决策的问题进行沟通，主要是咨询者描述他/她所遇到的困扰，在此过程中建言给予者需要通过和咨询者的沟通厘清他/她遇到的问题、想要达到的目的及其风险偏好；第二步，建言给予者针对咨询者的问题提出若干可行方案，赫尔穆特·容格曼（1999）指出在此环节建言给予者一般会有倾向性的强调某个备选方案；第三步，建言给予者给出建议方案，并与其他方案进行比较、论证；第四步，咨询者对建言给予者的建议进行评估，并得出是否接受的结论。在此，接受者是否会采纳建言者的建议主要取决于：①建言者对该建议质量的评价；②接受者自身对该建议质量的评价；③接受者对建言者的信任程度；④接受者的决策自信。如表2-2所示，其中，加号（＋）越多表示越肯定，减号（－）越多表示越否定，0表示中立。

---

① 决策相关的文献中，advice 有时会译成"建议"，本书依然采用组织行为研究中"建言"一词的说法。

表 2 – 2　　　　　　　　　　建议评估的结构模型

接受或拒绝建议方案	建议			
	对建议方案的评价		个人方面的因素	
	建言者	接受者	对建言者的信任程度	决策者的决策自信
接受建议方案	+ + +	+ +	+ +	+ +
	+ +	− −	+ + +	+
拒绝建议方案	+ +	+ +	− − −	0
	+ +	− −	− −	−

　　资料来源：Jungermann H. Advice Giving and Taking［C］//Hawaii International Conference on Systems Sciences. IEEE，1999：11.

　　奈杰尔·哈维、克莱尔·哈瑞斯和伊兰·费舍尔（Nigel Harvey, Clare Harries & IlanFischer，2000）对赫尔穆特·容格曼（1999）的 AG&T 模型进行了验证，结果证实了接受者对建言的接受程度受到以下四个因素的影响：①建言者对该建议质量的评价；②接受者自身对该建议质量的评价；③接受者对建言者的信任程度；④接受者的决策自信。

（二）决策者—建言者系统模型

　　国内外对建言采纳研究通常采用决策者—建言者系统（judge-adviser system，JAS）。传统决策理论和实证研究仅仅关注个体决策（决策者独自搜寻、处理信息，解决问题）或群体决策（若干决策者的地位和角色相同，集体对信息进行评价，做出决策），而 JAS 范式（Sniezek & Buckley，1995）对建议者（指的是一个或多个提供建议和信息的人）和评估者（指的是负责做出决策的人）进行了区分。与传统的个体决策相比，JAS 模型更加强调社会情境因素对决策的影响；与群体决策相比，JAS 模型中决策者和建言者分工及职责都非常明确，而群体决策中多个决策者的地位和角色相同，因而对决策结果的责任归属不明确。

典型的 JAS 过程包括一个决策者、两个建言者，决策者对建言者的评价和意见进行权衡，然后结合自己的初始决策做出最终决策（如图 2 - 3 所示）。其中，决策者指的是接收到建议，对建议进行识别，做出处理，做出最终决策并对决策结果负责的人（在组织中一般是组织管理者扮演决策者的角色）；建议者则不需要对自己的建议负责，只是提供建议。现实组织管理决策中可能面临的情况会比较复杂，比如一个团队来扮演建言者的决策，或者在建言者系统中又嵌套着另一个 JAS 过程。

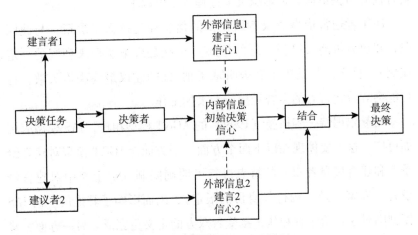

图 2 - 3　典型的 JAS 过程模型

在 JAS 过程中，对决策者来说，信息来源于两个方面：内部信息和外部信息。这些不同来源的信息会独立地或共同地作用于决策者，决策者掌握的决策问题的相关信息称为内部信息，外部信息则为建言者（们）提供的信息。在有建言者参与的决策中，决策者潜意识中会去参考全部两方面的信息，然而最终决策中这些信息被参考的程度和所占的权重取决于建言的时间。若决策者形成初始观点之后接收到建议，那么初始决策中则只会包含决策者的内部信息，而最终决策时才考虑使用外部信息；相反，若决策者在尚未形成初始观点前收到建议，则初始决策和最终决策都可能会受到外部信息的影响。而且，接受他人建议前形成初始决策的决策者会更自信，自己的初始决策在最终决策中也权重较大（Sniezek et al，1990）。

对决策质量的客观评估一般非常困难或者短时期内不好评估，因此对决策质量的主观评价显得异常重要，通常用个体对所作建言的信心与决策的信心来衡量决策的质量（Sniezek & Buckley，1990）。珍妮特·斯尼泽克和丽贝卡·亨利（Janet A. Sniezek & Rebecca A. Henry，1989）指出一方面建言信心与决策信心会影响决策的结果；另一方面建言信心与决策信心是影响决策过程的重要因素。

决策者通常依靠建议者所提供的信息和建议做出决策，与此同时，建议者可能会得到一定的报酬（可能是决策所带来利润的一定比例），反之，若是决策者因听从了他/她的建议最终决策失败，也可能会导致建言者的声誉受损或者丢掉工作。

与赫尔穆特·容格曼（1999）的 AG&T 模型相比，JAS 模型应用面更广，这主要体现在以下两个方面：一方面，AG&T 模型对建言给予者和建言接受者双方的特点进行了明确限制（见上文中对建言给予者"专家"及"内行"身份的限定），因而影响了其推广。而 JAS 模型则对建言给予者和建言接受者双方的定义更宽泛。另一方面，珍妮特·斯尼泽克和蒂莫西·巴克利（Janet A. Sniezek & Timothy Buckley，1995）为了让他们的研究更加贴近现实社会，在 JAS 模型中引入了许多情境变量，以提高模型的现实应用价值。比如，经常涉及的影响因素有：①建言的时间——是在决策者未形成初始决策前还是已经形成初始决策后提出建言；②回报——是得到决策所带来利润的一定比例的报酬，或者因决策者听从了他/她的建议最终决策失败导致建言者声誉受损甚至丢掉工作；③多个建言者的冲突。

JAS 范式目前已经成为研究建言提出和建言采纳决策的主要框架，许多研究者利用 JAS 范式来研究决策者与建言者关系的问题，得出了许多非常有意义的成果。

（三）建言采纳的测量

建言采纳的测量是指比较他人建言、决策者的初始决策和最终决策之间的差别，从而判断决策者对他人建言的采纳程度。现有研究主要从定性和定量两个角度来进行建言采纳程度的分析。

1. 定性测量

对建言采纳的定性测量是通过将决策者的最终决策与建言者建议的选项进行比较，两者相同则表示决策者采纳了建言。Silvia Bonaccio 和 Reeshad Sam Dalal（2006）指出这种测量存在以下三方面的问题：第一，容易产生数据损失。如果决策者的初始决策为①，建言者的建议选项为②，那么决策者的最终决策选项为①③④中的任意一个，只要不是②，都会被认为决策者没有采纳建言者的建议，但最终选择为①（坚持初始决策），还是最终选择了③或④，其意义是不同的，因为有可能是参考了建议之后才选择了③或④，即 $\alpha① + \beta② = ③/④$，α、β 为权重系数；第二，这种测量只是将最终决策与建言者建议的选项相比，若是决策者的初始决策与建议选项本来就一致，此时不能判断决策者是否采纳了建言；第三，这种定性测量的结果是接受建议或拒绝建议，对于建言者对决策者的影响程度即采纳的程度无法判断。

2. 定量测量

对建言采纳的定量测量中，按照建言者的多少（一个、多个），有两种不同的测量方法。

（1）比率法。

一些研究者构建了建言采纳指数来数量化地衡量决策者采纳建言的程度，这种建言采纳决策的定量估计研究，主要有亚尼夫·伊兰（Yaniv Ilan，2004）开发的建言权重指数（weight of advice，WOA）和亚尼夫·伊兰和埃利·克莱因伯格（Yaniv Ilan & Eli Kleinberger，2000）开发的初始决策权重指数（weight of own estimate，WOE）：

$$WOA = \frac{|决策者最终决策值 - 决策者初始决策值|}{|建言值 - 决策者最终决策值|}$$

$$WOE = \frac{|建言值 - 决策者最终决策值|}{|建言值 - 决策者初始决策值|}$$

其中，WOA 表示建言者的建议在最终决策中的权重，由公式可以看出若决策者最终决策和初始决策相同或很接近时，WOA = 0 或很小，表示建言采纳程度很低；决策者最终几乎完全采纳他人建言时（也有可能本来决策者的初始决策和建言值相同或接近），WOA = 1 或接近于 1。WOE 表示决策者的初始决策在最终决策中的权重，当决策者最终完全采纳他人建言时，WOE = 0；决策者最终决策和初始决策相同时，WOE = 1。以往研究（Harvey，Harries & Fischer，2000）表明，绝大多数决策者的最终决策会落在其初始决策值与建言值之间的正常区间内，即 WOA 和 WOE 值一般均是介于 0 和 1 之间。

（2）回归分析法。

对于多个建议，可以运用回归分析法来估计各个建议在决策者最终决策中的权重。具体做法是把初始决策和建言者（们）的多条建议作为自变量，最终决策为因变量，回归系数表示各个建议的重要性程度，拟合优度表示建言者的建议对决策者最终决策的预测程度（Harven et al，2000；Lim & Connor，1995；Hedlund et al，1998），公式分别如下：

$$最终决策值 - 初始决策值 =$$
$$a + \beta_1(建议 A 的值 - 初始决策值) +$$
$$\beta_2(建议 B 的值 - 初始决策值) + \varepsilon^{①} \quad\quad (2-1)$$
$$最终决策值 = a + \beta_0 初始决策值 + \beta_1 建议 A 的值 +$$
$$\beta_2 建议 B 的值 + \varepsilon^{②} \quad\quad (2-2)$$

---

① Önkal D, Goodwin P, Thomson M, et al. The relative influence of advice from human experts and statistical methods on forecast adjustments [J]. Journal of Behavioral Decision Making, 2009, 22 (4): 390-409.

② Yaniv I, Milyavsky M. Using advice from multiple sources to revise and improve judgments [J]. Organizational Behavior & Human Decision Processes, 2007, 103 (1): 104-120.

二、建言采纳的影响因素

奈杰尔·哈维和伊兰·费舍尔（1997），Silvia Bonaccio 和 Reeshad Sam Dalal（2006）通过研究发现，通常情况下，建言者对决策者的影响通常在 20% ~ 30%，不过在有些情况下，比如，来自更有经验的建言者的建议、刚愎自用型的决策者、较为困难的决策任务等一些变量的加入会改变决策者对建言的采纳程度。综合来看，影响决策者建言采纳的因素主要有以下几点。

（一）建言者因素

决策者在接受建议并决定是否采纳时，不仅会考虑建议本身的价值，而且还会受到建言者相关个体特征的影响，一般而言，对决策者建议采纳行为影响比较大的建言者方面的因素主要有人际信任与相似性。

1. 人际信任

决策者对建言者的人际信任可以预测建言采纳的程度（Sniezek & Van Swol，2001；Van Swol & Sniezek，2005）。建言采纳中人际信任主要来源于建言者的个人品质、建言的专业性等，甚至可能还与决策者当时的情绪（Gino & Schweitzer，2008）有关。一般而言，人际信任程度越高，建言对最终决策的影响就越大。珍妮特·斯尼泽克和范·斯沃（Sniezek & Van Swol，2001）用两组实验研究了决策者—建言者系统中的人际信任、自信和专业性，结果表明决策者对建言者的信任和他们的采纳行为以及对决策结果的信心显著相关。同时，建言者的专业性会增强决策者对其的信任程度，从而更易于遵从他们的建议。此外，还有研究发现建言者和决策者的面对面沟通会增强人际信任（Sniezek & Van Swol，2001；Olson，2001），因为这种沟通能给双方增加很多影响信任发展的非语言线索。朱迪斯·奥尔森（Judith S. Olson，2001）通过研究发现，尤其是当任务相当困难时，面对面沟通比其他沟通形式（书面、电话等）更能促进人际信任与合作，她还进一步指出这种沟通所形成的人际信任关系更长久，而人际信任程度越高，决策者越容易采纳建言者的建议。蒂芙尼·巴内特·怀特（Tiffany Barnett White，2005）通过研究指出当决策任务难度极高时，与基于专业的信任相比，对决策者来说基于友好的人际信任更重要。

2. 相似性

人际吸引理论认为人际交往双方的相似性尤其是态度的相似性对人际关系的影响很大，在建言采纳中这种效应也普遍存在：决策者倾向于采纳和自己的初始决策相近的建言，拒绝与自己初始决策相差过大的建言，亚尼夫·伊兰（2004）把这种效应称为"距离效应"，甚至当建言和自己的初始决策相差较远时，决策者倾向于把它当作极端值处理，亚尼夫·伊兰（2004）还进一步指出，若是决策者自身权力越大，知识越渊博，这种距离效应就越明显。

有时候建议者的人口统计量特征，比如年龄、性别等也会对决策者的建言采纳行为有一定影响。托马斯·韦伯（Thomas Webb，2011）发现，在控制其他变量的条件下，决策者更愿意接受年龄更大、男性的建言。

（二）决策者因素

1. 情绪

诺伯特·施瓦兹（Norbert Schwarz，1990）认为常常决策者自身的情绪体验会影响他们对事物的评估和判断，保罗·斯洛维奇（Paul Slovic，2008）认为积极或消极的情感会间接或直接影响决策者的决策和评估，他将该过程称为情感启发式。弗兰西斯卡基诺和莫里斯·施韦策（Francesca Gino & Maurice E. Schweitzer，2008）通过实验研究发现，当决策者对建言者怀有感激的情绪时，对建言者建议平均采纳率明显提高。沈晖（2001）通过研究发现当个体在正性的情绪状态下，倾向于对目标做出积极的判断，反之，当个体在负性的情绪状态下，倾向于对目标做出消极的判断。张洁（2010）运用 JAS 范式研究了不同情绪状态下，决策者的建言采纳情况，发现处于积极情绪中的个体更愿意采纳他人建议，而在消极情绪状态时，决策者更倾向于拒绝他人的建议。

2. 权力

众所周知，整合他人意见可以提高决策质量，而很多时候人们却不能有效运用建言，而且决策者拥有的权力越大，越是刚愎自用，建议折扣（坚持自己的初始决策，而忽视他人的建议）的倾向越大。亚当·格林斯基等（Adam D. Galinsky, William W. Maddux & Debra Gilin and Judith B. White Galinsky, 2008）指出权力降低了决策者对环境的敏感度，决策者权力越高，越容易忽略建言这种环境因素。凯利·席伊等学者（Kelly E. See, Elizabeth Wolfe Morrison, Naomi B. Rothman & Jack B. Soll, 2011）通过四组实验证实了拥有的权力越大越会增强决策者的自信，从而很少去采纳别人的建议，也就是权力和建言采纳倾向呈现负相关，同时，权力大的决策者往往会过分肯定自己的初始判断。权力的大小之所以会影响决策者的建言采纳行为，一是因为决策者的权力感会增强其自主性动机，保持初始决策则有助于其保持自主性，与此相反，若是决策者最终采纳了他人建言则会感到自主性的耗损；二是因为对决策者来说，权力感就意味着控制力，对环境、对资源的控制力，相应地，权力越大，对自己的初始决策会更加笃定（Dalal, Reeshad & Bonaccio, 2010）。

3. 认知偏差

在决策者进行建言采纳决策时，人们通常的选择是把自己的判断（称为初始决策或初始锚定值）和他人建议相整合，称为自我/他人效应（Harvey & Fischer, 1997; Yaniv, 2004; Yaniv & Kleinberger, 2000）。

从心理上看，因为建言者和决策者所处位置不同，双方认知角度不同，存在认知上的偏差，从而导致观点的不对称，史艾·丹齐格、罗妮特·蒙塔拉和雷切尔·巴坎（Shai Danziger，Ronit Montal & Rachel Barkan，2012）认为在决策者看来，建言者更加理想主义。这是因为决策者对自己做出决策所依据的信息以及决策过程和决策逻辑非常清楚，更容易论证其合理性，而对建言者的思考逻辑难以深入了解，这种认知上的偏差会导致决策者易于拒绝建言者建议的倾向。

（三）决策情境因素

环境塑造了人的大部分行为（Simon，1956）。决策的效果取决于它被用于何种情境，取决于决策者能否在正确的时间选择正确的策略，取决于准确感知环境的能力。在建言采纳的相关研究中，影响建言采纳的非常重要的决策情境因素主要有任务特征和建言采纳成本。

1. 任务特征

（1）决策类型。

建言者在提出建议时决策者是否已经形成初始决策，对决策者建言采纳会产生直接影响。珍妮特·斯尼泽克和蒂莫西·巴克利（Janet A. Sniezek & Timothy Buckley，1995）将这两种类型的决策者命名为决策前有独立判断的决策者和决策前没有进行独立判断的决策者，并指出后者比前者更容易接受建议。

杰克·索尔和理查德·拉瑞克（Jack B. Soll & Richard P. Larrick，2009）指出决策者带着已有想法进行建言采纳决策时，人们会有两种截然不同的策略：选择和取平均，选择指的是仍然坚持自己原先的观点或者采纳建言者的观点，取平均指的是综合考虑决策者本人和建言者的观点。拉尔夫·赫特维希和斯特凡·赫尔佐格（Ralph Hertwig & Stefan Herzog，2009）把选择和取平均称为建议采纳行为的两大工具。杰克·索尔和阿尔伯特·曼内斯（Jack B. Soll & Albert E. Mannes，2011）对这两种决策类型（决策前有/无独立判断）进行了建言采纳的对比，发现决策前无独立判断时，更易于采用平均策略；而决策前有独立判断时，决策者或者漠视他人建议，或者使用平均策略。

（2）任务难度。

许多研究证明，任务难易程度与决策者是否采纳建言息息相关，如杰克·索尔和理查德·拉瑞克（2009）研究了任务的难易程度这一环境变量和建言采纳行为的关系，指出当任务较简单时，用"取平均"策略更有效，而当需要解决的任务比较困难时，"选择"策略更加有效。这是因为当需要决策的任务难度比较大时，相比较之下，决策者自身的知识结构或所掌握的信息资源就显得不够充分，从而决策自信水平下降，会比较倚重他人建言；反之，决策者自身的知识和经验足以解决那些相对容易的决策任务，此时，决策者容易出现乐观主义偏差，就不会重视他人建言。

蒂芙尼·巴内特·怀特（2005）把决策中较为困难的任务分为高情绪性决策困难任务和低情绪性决策困难任务，与此同时把建言分为仁慈型建言和专业型建言；蒂芙尼·巴内特·怀特（2005）指出高难度决策任务增加了决策者对决策认知的难度，此时决策会更倾向于情绪性决策，而缺乏理性。此时，对于低情绪性决策困难任务，决策者则会遵从理想决策规范，选择专业型建言，而当决策者面临的为高情绪性决策困难任务时，他/她需要的是社会支持，因而会选择仁慈型建言，即通过缓解决策压力，增强决策信心。

2. 建言采纳成本

日常生活中获取专业建议（投资咨询、心理咨询、法律咨询）都需要支付费用，许多研究表明，为建言支付一定费用会增强决策者的采纳倾向（Sniezek, Schrah & Dalal, 2004; Patt, Bowles & Cash, 2006; Gino, 2008）。一方面，从建言者角度看，付费会增加建言者的义务感和责任感，提供更缜密、可行高质量的建言；另一方面，决策时广泛存在"沉没成本效应"这种非理性现象——先前的投入会影响个体之后的决策，因而，在付费的情况下，这笔费用就成为沉没成本，出于一种避免浪费的愿望，大多时候决策者会去采纳建言。

综上所述，现有文献主要从建言者因素、决策者因素和决策情境因素三个方面入手，研究建言采纳行为的影响因素。主要研究成果如图2-4所示。

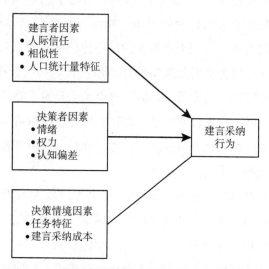

图2-4　建言采纳行为影响因素的主要研究成果

三、建言采纳的研究总结与评价

在日常生活和工作实践中，人们经常会面对比较重要和复杂的决策，需要足够多的信息和专业知识来进行有效的决策，此时，他人的建言对决策者来说弥足珍贵。它可以弥补个体决策信息资源不充分的缺陷，又可以避免群体决策中角色的同质性，提高决策的准确性。近30年，建言采纳研究在决策——主要是个体决策领域研究中开始受到重视，许多研究者围绕该主题进行了理论探讨和实验研究，在研究方法和应用方面取得了许多颇有价值的成果。首先，从研究方法上看，构建了得到广泛认可的建言采纳JAS系统模型（Sniezek & Buckley，1995）。其次，针对建言采纳程度的衡量，开发了建言采纳指数公式，以数量化决策者对建言的采纳程度。最后，从建言者因素、决策者因素、决策情境因素多个角度来探讨建言采纳的影响因素。

综合前文所述，当前对建言采纳的研究呈现以下几个特点。

第一，在决策领域中，当前的研究中多把建言简单的看作"推荐方案"或"数量估计"，这已经满足不了真实决策情境中决策者的需要，他（她）们不仅需要建言者给出备选答案，有时候可能希望这些建言者能够提供更多的论据信息，甚至只是需要情感上的支持，因为决策者不只是需要得到高质量的解决方案，还需要获得社会支持和人际互动（Tyler，2006）。

第二，现有建言采纳研究多是采用设置实验决策情境来开展的，在其设置的情境中，建言者对决策者来说是陌生面孔，或者是利用人机交互系统，由计算机呈现建议，与真实决策环境有较大差异。真实决策环境中，除了建言信息本身的质量，还会有很多认知和情绪变量会影响决策者的决策，如人际吸引、信任、情感等。

第三，当前对建言采纳的研究多是以决策者为中心，对建言的特点考查比较少，比较多的文献集中以下两个方面：一是研究哪些因素会影响决策者的采纳；二是如何使用建言。

第四节　文献综述小结

由以上文献综述可以看出对建言行为相关的理论和实证研究主要在组织行为有关领域展开，主要探讨"影响因素（建言者个体特征、领导行为因素、组织情境因素）——建言行为""建言——结果（个人公平、个人绩效、组织效能）"。而对管理者建言采纳的研究主要是在决策领域内进行的，主要探讨"影响因素（建言者因素、决策者因素、决策情境因素）——建言采纳行为"。均是从华生"刺激—反应"（S-R）的视角将影响因素与行为相联系的方式来进行研究，而没有去深入揭示影响因素与行为间影响的作用机制。

人们的认知活动和他们的行为之间存在着因果关系，内在的思维活动和外部环境因素一起决定着人们的行为。在托尔曼看来，"刺激"和"行为"之间的中介变量是行为的直接决定者，是引起一定反应的关键。因此，必须把"S－R"理解为"S－C－R"，"C"是有机体内部正在进行的活动，只有弄清中介变量，才能回答一定刺激情境何以会引起一定反应的问题。因此，管理者在决定是否采纳建言以及如何评价建言者时也必然经历了一个心理决策过程，人的认知因素在其中起到非常重要的作用。所以，除了探讨哪些要素或机制会影响建言采纳之外，还需探讨经历怎样的认知过程，才能够有效激发管理者的建言采纳与建言者评价行为，为企业的创新与变革提供良好的基础。

这一章对现有文献进行了回顾和综述，主要对员工建言与管理者采纳行为相关概念及研究进行了归纳与总结。包括建言、建言行为、建言采纳的概念发展研究综述，建言行为的前因、结果变量的研究综述，管理者采纳的研究方法和影响因素研究综述等。本章的文献梳理为后续的研究构建与实证研究提供了充分的理论依据。

第三章

理论模型构建与机理分析

本章主要目的在于界定本书的核心变量，构建出本书的理论模型，并基于相关理论对核心变量相互之间的关系进行理论推导。

第一节　理论模型的构建

一、理论基础

本书整体框架的构建思路来源于心理学领域的认知行为理论。认知行为理论是由行为主义和认知理论整合而来的。

行为主义心理学是由华生在巴甫洛夫条件反射学说的基础上创立的。行为主义主张心理学应摒弃意识、意象等主观的东西，只研究所观察到的并能客观地加以测量的刺激和反应，提出了"刺激—反应"理论，即有机体接受外界的刺激，然后做出与此相关的反应。行为主义心理学认为心理学完全可以通过研究外在的刺激与行为反应来达到调整行为的目的，行为主义理论的一个基本取向就是将心理与行为分离开来[①]，强调

---

① 王甦. 认知心理学［M］. 北京：北京大学出版社，2006.

个体行为不是与生俱来的，而是受环境影响产生的。

认知学派源自阿尔弗雷德·阿德勒，阿德勒认为人的行为动力主要来自社会方面，是由个人整体生活形态所塑造的，包括个人对自我的认识、对世界的看法、个人的信念、期待等。而在这个过程中，认知起着至关重要的作用。它不仅影响人的行为，更会影响个体整个生活形态的形成。认知学派的基本观念是人类的思想、感觉和行为之间是有相互联系的，人的行为受学习过程中对环境的观察和解释的影响。所以，要改变人的行为，就要首先改变人的认知。在多数情况下，行为和认知是相伴而生的，认知可以改变行为，行为也可以改变认知。认知理论意味着心理学的研究向内在认知过程探索的转化。

托尔曼在行为主义心理学和认知理论的基础上发展了认知行为理论，是为了弥补华生的"刺激—反应"公式的不足，要求注意有机体的内部因素在行为中的作用，从整体水平上对有机体行为进行心理分析时推论出来的。这与格式塔理论所强调的"心理现象不能还原成简单的元素，而应将它们看作有组织的整体进行分析与研究"[①] 的观点是一致的。托尔曼认为人类行为的最初原因主要有生理的和物理的两类，它们与行为变量之间的关系并不像行为主义者所说的"S－R"的直接联系那么简单，两者之间还存在着一系列不能被直接观察到的，但可以根据引起行为的先行条件及最终的行为结果本身推断出来的中介变量——认知。尽管目的行为主义者的任务是观察有机体所产生的行为反应，但也必须探讨有机体为何以及如何产生这种反应，即必须推测在一定情境下有机体产生行为反应的内部过程。基于此，托尔曼提出了 S－C－R（刺激—认知—行为/反应）模型，其中，S 是作用于有机体的刺激或感觉信息，C 就是有机体的内在认知过程，R 为有机体的行动或反应。托尔曼认为在一定的刺激下会导致相应的行为，但必须经由有机体感知、领悟和推理等一系列认知过程

---

① 王甦. 认知心理学［M］. 北京：北京大学出版社，2006.

的中介传导作用。认知行为理论突出了人的主体性和意识的能动作用，着重点在于解释认知过程的内部心理机制，为当代心理学提出了一个"主动实现信息加工的理论范式"（王甦、汪安圣，1992）。认知行为理论认为，在刺激、认知和行为三者中，认知因素扮演着中介与协调的重要作用，个体认知的形成会受到"自动化思考机制"的影响，即是指经过长时间的积累形成了某种相对固定的思考和行为模式，行动发出已经不需要经过大脑的思考，而是按照既有的模式发出。认知对个体的行为进行解读，这种解读直接影响着个体是否最终采取行动。

二、理论模型

依据认知行为理论，本书认为管理者通过对建言行为特征的解读，形成管理者建言认知，这种解读又会影响管理者的建言采纳及其对建言者的评价，据此构建出"建言行为属性特征→建言行为认知＋喜好→建言采纳""建言行为属性特征→建言行为认知＋喜好→建言者评价"的基本书路径，对管理者建言采纳影响因素及建言者评价机制进行整合性研究。

以往大部分对绩效评价的研究都只包括认知成分（Murphy & Cleveland，1995），实验证据告诉我们，管理者对受评者的评价会受到对其感觉的影响。乔治·洛文斯坦、埃尔克·韦伯、奚恺元和内德·韦尔奇（George Loewenstein，Elke U Weber，Christopher K. Hsee & Ned Welch，2001）提出了风险即情绪模型（如图 3 - 1 所示），该模型表明决策行为很大程度上受到认知因素及管理者情绪的影响。同时，也有学者指出情绪因素和认知一样可以直接决定人的行为（Barlow，1988；Bechara et al，1997）。因此，为了精确识别管理者的决策过程，应该同时考虑认知成分和情感成分。比如，埃里森·艾森、米琪·约翰逊、伊丽莎白·默茨和格雷戈里·罗宾逊（Alice M. Isen，Mitzi M. Johnson，Elizabeth Mertz & Gregory F. Robinson，1985），埃里森·艾森、波拉·尼丹瑟米和南茜·康托尔（Alice M. Isen，Paula M Niedenthal & Nancy Cantor，1992）指出储存在记忆中的积极情感会影响管理者对各种刺激的组织方式，进而影响其评价和决策行为。首先，如果记忆中储存的为积极情感线索，那么对评价对象的这种积极情感会唤起相应的积极行为描述；其次，积极情绪状态中的个体会以一种复杂、丰富、灵活的方式对信息材料进分类，从而会慎重做出判断（Isen，1987；2008）。也就是说，管理者若是喜欢建言者，就会感受到他建言行为的积极一面，从而认真对待并思考其建言。因此，在本书中把"喜好"和管理者对建言的知觉变量一起作为中介变量来研究，为方便起见，后文的研究中把其统称为"建言行为认知"。各变量间具体关系如图3－2所示。

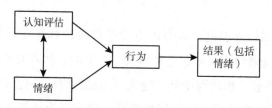

图 3 - 1　风险即情绪模型

资料来源：Loewenstein G F，Weber E U，Hsee C K，et al. Risk as feelings［J］. Psychological Bulletin，2001，127（2）：267.

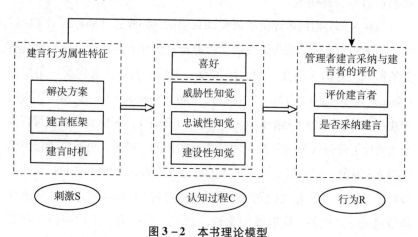

图 3 - 2　本书理论模型

注：员工建言行为特征对管理者建言采纳及建言者评价的影响包括直接的和间接的，宽箭头表示的为间接路径，单箭头所指为直接影响路径。

该模型在托尔曼（1932）的认知行为理论的基础上，建立了"建言行为——管理者建言认知——管理者建言采纳与建言者评价"的主影响路径。即员工建言行为属性特征（所发起的建言中是否包含解决方案，积极建言信息框架还是消极信息框架，较早建言或较晚建言）以及管理者对员工建言行为的认知（喜好、威胁性知觉、忠诚度知觉、建设性知觉）将影响管理者的建言采纳决策行为以及管理者对建言者的评价，且管理者建言认知在其中起到中介作用。

在这一理论模型中（见图3-2），员工建言行为属性特征（建言有没有解决方案，建言信息框架，建言时机）是影响管理者对员工建言行为的认知（建言者的喜好、威胁性知觉、忠诚度知觉、建设性知觉）以及管理者的建言采纳决策行为、管理者对建言者评价的前因变量。管理者对员工建言行为的认知是员工建言行为属性特征和管理者的建言采纳决策、建言者评价的中介变量。员工建言行为属性特征可能直接影响管理者建言采纳决策及建言者评价，也可能通过影响管理者对员工建言行为的认知间接对管理者建言采纳决策及管理者对建言者的评价产生影响。

该理论模型是本书根据国内外已有研究成果和理论推理构建出来的，接下来将通过两个实证研究对其进行检验：研究一（本书第五章）主要考察建言行为特征变量即建言信息中有无解决方案、以积极方式还是消极方式呈现建言、建言时机的早晚对管理者建言认知、管理者建言采纳决策及建言者评价的影响。在研究一的基础上，研究二（本书第六章）拟主要考察管理者建言认知变量对建言行为特征变量与管理者建言采纳决策及建言者评价的中介效应。

第二节　管理者建言采纳决策及建言者评价的运行机理

霍布福尔（Stevan E. Hobfoll）的资源保存理论（conservation of

resources theory，COR）指出个体都有获得、保存各种资源的动机，资源保存和资源获得是 COR 理论的两个基本原则。COR 理论假定个体是乐观的，并且拥有获得和保存资源的动机，也就是说，个体想要创造令其愉悦的情境，回避任何会导致其所拥有的有价值的资源的损失的情况，资源均具有其高于其有形价值的象征性价值，任何资源的损失——即使实质上它们不会影响个体的生活标准或工作安全，都会削弱个体的价值感。损失资源是如此令人厌恶的一种心理状态，因此，个体倾向于尽力去获得更多的资源以补偿未来可能产生的损失（Wright & Hobfoll，2004）。据此，托马斯·伍和丹尼尔·费尔德曼（2011）指出建言是员工获得额外资源的一种工具，这与"建言是一种印象管理的策略"（Fuller et al，2007）有异曲同工之效。因此，从资源保存理论的角度看，员工建言一方面是为了通过管理者对自己的积极评价获得组织支持、经济地位等外在资源；另一方面通过管理者对自己的认可获得乐观和自我效能感等内在资源。管理者对建言者的评价及建言采纳决策展示出的组织支持与员工自我效能感都是个体所拥有的积极心理能量资源，这些心理能量资源的数量、质量和持久性会显著影响员工在组织中的主动行为与创新行为。员工在组织支持和高自我效能感的激励下，对组织的关系型义务感（刘小禹等，2008）会进一步提高，从而诱发更多建设性建言。尤其在"授之以桃，报之以李""滴水之恩，当涌泉相报"等中国传统文化影响下，这种"礼""报""让""义"的社会交换思想更为深入人心。霍曼斯的社会交换理论同样指出如果个体的某个行动越是经常受到报酬和奖励，那么他就越有可能有经常类似的行动，因此，体验到来自上级的认可与肯定的个体发起建言的意愿更频繁、更强烈。由此，可以看出管理者的建言采纳决策和对建言者的评价对于提高员工建言行为的有效性与积极性会产生举足轻重的影响。

一、机理要素界定

（一）本书中的建言行为

由上一章的文献回顾可以看出，"建言行为"是来源于国外"Voice behavior"一词，国外学者围绕"Voice behavior"所进行的研究普遍采用杰弗里·勒平和林·凡·戴恩（1998）的定义："建言行为指的是一种旨在改善工作或组织现状，而不仅仅是批评的挑战性行为，即使在其他人不赞同的情况下，仍会提出改变或者修改标准流程的改革性意见。"由此可见，国外研究中的"Voice behavior"一词指的是一种积极主动的沟通行为，其目的是为了改善工作流程或增强组织效能，员工建言的对象可以是组织中的任何其他人——可能是他/她的上司，也可能是他/她的同事，或者下属，凡是"主动提出建设性的建议"，都属于国外学者"Voice behavior"的研究领域。

中国汉语中对"建言行为"一词的定义为"对君主、尊长或朋友进言规劝；或者指下级对上级，臣子对君主，年幼者对长者进行的劝告建议的方式"，这里包含有两层含义：一是建言的目的是提前预警，避免做出错误决策；二是建言信息的流向是从职位低的向职位高者，即下级向上级提出建议。因而，汉语中所说的"建言"一词和国外研究文献中所研究的"Voice behavior"两者是有区别的。本书是在中国情境下开展的管理者建言采纳与建言者评价心理机制研究，因此，本书按照汉语的语言习惯，把"建言行为"界定为"在组织中，员工向其上级主动提出建设性建议的一种角色外行为，其目的是解决组织遇到的难题、改善现状、减少决策失误"。

综上所述，本书将主要基于组织公民行为或角色外行为对员工建言行为进行研究，即本书所研究的员工建言行为有以下三层含义。

第一，建言是一种旨在改善，也就是说是一种变革导向的组织公民行为，具有角色外行为的特点。对于咨询顾问、检查员等这一类型的员工来说，建言工作属于其工作职责范围内的事务，因而不属于本书的研究范畴。

第二，本书所研究的建言行为，其目的是改进工作流程、提高组织工作效率、减少决策失误或改善组织经营管理现状，是一种建设性行为，是组织创新的重要来源。不同于单纯以发泄情绪为目的的对组织事务的批评和抱怨，或者是对组织中不道德行为的检举揭发。

第三，本书所研究的建言行为是以上级为建言对象的一种人际沟通行为，沟通的目的是指出当前工作的不足之处或提出更好的问题解决思路，沟通的形式可以是书面的（通过邮件、书信等途径进行正式沟通），也可以是口头的（通过直接交谈、电话等进行沟通）。

（二）建言行为特征维度

从社会心理学说服理论的角度来看，建言一定程度上代表了员工的说服意图，一个建言者识别出他/她认为应当改变的事件，并把有关信息与上级进行沟通，以促成这种变化。因此，影响说服导致态度改变的因素同样会影响管理者对建言行为的认知、是否采纳建言以及对建言者的评价。有关说服理论的文献已确定了对试图有效说服特别重要的四个变量：来源、信息、情境和接受者变量（McGuire，1985；O'Keefe，1990）。来源变量指的是说服者的个人特征；信息变量指的是说服信息本身的特征；情境变量指的是传递信息的环境特征；接受者变量指的是试图说服的对象的特点。有关说服的研究认为这四类变量常常通过自动处理或启发式线索来简化接受者对信息的判断，决定是否相信说服者所提供的信息，以及是否改变态度（Petty & Cacioppo，1986）。信息处理理论指出，由于人们认知资源有限，因此经常走"捷径"以减少做出判断所需的脑力负荷（DeNisi，Cafferty & Meglino，1984；Lord，1985）。正如个体常常运用启发式的快捷方式来确定一个论点的说服力，建言行为的接受者在对员工建言行为作出判断以及对建言者进行评价时，也会运用同样的启发式线索。管理者对建言质量的识别可能并非完全理性的，因为很多情况下管理者不可能对建言进行系统化的思考和判断，这就需要收集和加工大量的信息。管理者对建言质量的识别可能遵循的是启发式逻辑，即是根据建言的某些方面的特征对建言的质量做出判别，进而做出采纳或拒绝建议的决策。

若是管理者重视员工建言行为能够给组织带来的益处，那么他/她们自然会奖励建言者，给予他/她们更积极的评价（与没有发起建言的员工相比）。根据资源保存理论（Wright & Hobfoll, 2004），从资源获取的角度来说，建言行为常常和较高的工作绩效挂钩，比如建言行为可能会有益于员工的角色内行为，因为它可以帮助员工获得额外的有形及无形的资源，而这反过来有利于提高其生产率；而且，建言常常是"好员工"的一个标志（LePine, Erez & Johnson, 2002），那些主动发起建言的员工可能获得他人的更多尊重和更高的地位，以及来自其上级的更高的绩效评价（Fuller et al, 2007）。杰弗里·勒平和林·凡·戴恩（1998）发现那些在 T1 阶段积极建言的员工，在 T2 阶段得到了上级较高的绩效评价（T2 迟于 T1 6 个月）。同时，通过发起促进积极变革的建言，员工会得到上级对其创新能力及创造力的认可（Van Dyne et al, 1994）。然而，由于员工建言行为本身的"挑战性"特点，常常被认为会威胁或破坏人际关系，从而导致对建言者的消极评价，也有许多研究支持这一观点，指出员工建言行为将会导致工资增长速度减缓及晋升可能性的降低（Seibert, Kraimer & Crant, 2001）。同时，弗朗西丝·米利肯、伊丽莎白·沃尔夫·莫里森和帕特里夏·赫维林（Frances J. Milliken, Elizabeth Wolfe Morrison & Patricia F. Hewlin, 2003）的一项研究也表明 25% 的被调查员工表示不愿建言的原因是"害怕破坏人际关系"。那么，关于到底他人如何看待建言行为这一复杂问题，林·凡·戴恩等学者（1995）指出有效沟通的员工建言行为将会被视为建设性的，同时建言者会得到积极反馈，反之，无效沟通的建言行为将会被视为破坏性的，同时建言者会得到消极反馈。与说服理论中来源、信息、情境和接受者变量的研究框架相似，林·凡·戴恩等学者（1995）通过对那些有效执行的建言行为的探讨，对那些会影响建言行为被积极或消极评价的因素提供了初步的设想，这些因素包括建设性的建言框架，基于事实的论据，以及适当的时机。由此，本书选取解决方案、建言框架、建言时机三个建言行为特征变量来研究它们对管理者建言认知、管理者建言采纳决策及建言者评价的影响机理。

二、建言行为特征与管理者建言认知

（一）解决方案与管理者建言认知

解决方案在本书中指的是当员工向其上级指出组织管理或工作流程中存在的问题时，建言信息中有没有包含员工所提出问题的解决方案，它反映了员工事先对所关注问题考虑的深入程度。建言中是否包含所提出问题的解决方案对管理者的建言认知（喜好、建设性知觉、威胁性知觉、忠诚性知觉）有显著影响，包含解决方案的建言可以帮助管理者提高决策质量和决策速度，因而会增加管理者对建言者的好感或引发管理者的积极情绪。杰弗里·勒平和林·凡·戴恩（1998；2001）以及林·凡·戴恩和杰弗里·勒平（1998）指出那些明确给出如何促进组织变革具体方案的员工通常被他们的管理者认为是真正心系组织的。这是因为对管理者来说，如果已经找出了问题的解决方案，则可以大大减少管理者信息搜集和论证的工作，因而会增加管理者对建言者的好感。

建言者在管理者还没意识到问题所在或者无所适从时给出解决方案，管理者可能感受到建言者对其威信和地位的威胁。国外学者谭雅·梅侬、莉·汤普森和崔镇男（Tanya Menon, Leigh Thompson & Hoon – Seok Choi, 2006）对比了人们对来自组织内部和组织外部的他人意见的反应，通过实证研究发现如果人们听从了来自组织内部人员的意见，个体会感知到对其自身自尊和能力的一种威胁，因为这相当于个体成了一个"追随者"，有失身份。观点采择理论①认为当管理者发现他人观点对自身有厉害影响时，个体一般会较少去关注他人的观点，而是更多地以自我为中心进行决策和判断。

已经找出了解决方案说明建言者是经过深思熟虑后才提出的建议，在管理者看来，这个员工是在真正的关心组织的发展，具有极高的忠诚度，因而倾向于对建言者做出积极评价。

对管理者而言，有解决方案的、建设性的建言才是真正有效的，可以促进组织改善或解决问题。黛安·约翰逊、阿米尔·埃雷兹、斯科特·凯克和斯蒂芬·莫特维多（Diane E. Johnson, Amir Erez, Scott Kiker & Stephan J. Motowidlo, 2002）通过两组实验验证了组织中的建设性行为与管理者对员工的社会知觉以及员工的全面业绩考核评定等级正相关。这里，所谓"建设性"行为指的是有益于组织的，可以促进组织效能，提高组织效能和绩效的行为。赫希曼（1970）在对其提出的 ELV 模型进行分析时指出员工建言是主动的、建设性的行为。从对建言行为的分类上来看，建言行为有时候可以促进组织效能，提高组织绩效，有时候却可能会产生抑制和阻碍作用，按照这种正反两方面的作用，把员工建言行为可以分成有益于组织行为的建设性行为，以及损组织行为。其中，找出新的行动方案或改进做事方式，找出解决问题的新办法或新程序的建言行为属于建设性建言（Gorden, 1988）。

由以上分析本书认为，当建言信息中含有问题的解决方案时，管理者越喜欢建言者，倾向于认为该员工对组织有较高忠诚度，其建言是建设性的，而建言者对自己的威胁也越大。

（二）建言框架与管理者建言认知

阿莫斯·特沃斯基和丹尼尔·卡纳曼（Amos Tversky & Daniel-Kahnemen）于 1981 年在 Science 上发表题为"The Framing of Deci-

---

① 观点采择指的是员工接受他人观点，进而提高组织绩效的一种能力（Galinsky et al, 2008）。

sions and the Psychology of choice"的论文。该论文依托亚洲病问题首次展示了人类决策中的框架效应。按照理性决策理论的思路，人们的决策不应该受到问题表述形式的影响，这就好像人们在对两座山峰的绝对高度进行比较时，比较的结果不应该受到参照点的影响一样（王凯，2010）。然而阿莫斯·特沃斯基和丹尼尔·卡纳曼（1981）在邀请152名美国斯坦福大学的学生对亚洲疾病问题进行决策时，却发现本质上一样的事实，由于人们在表述时所呈现的框架不同，人们的决策判断却完全不同，框架效应指的即是这种现象。在本书中，我们采用经典框架效应理论的分类方法，把建言者的建言框架分为积极建言框架和消极建言框架两种。积极建言框架指的是建言者向上司指出建言方案能够给组织或相关利益方带来的收益，而消极建言框架则主要强调若不对现有流程或方案进行修正可能会给组织或相关利益方造成的损失。

亚洲疾病问题，要求决策者在生还（正面框架）或者死去（负面框架）的情境下进行选择。预计该疾病的发作将导致600人死亡，现有两种与疾病做斗争的方案可供选择。假定对各方案所产生后果的精确科学估算如下所示，情境一：①如果采用A方案，200人将生还；②如果采用B方案，有1/3的机会600人将生还，而有2/3的机会将无人生还；情境二：①如果采用C方案，400人将死去；②如果采用D方案，有1/3的机会将无人死去，而有2/3的机会600人将死去。可以看出，实质上两种情境中的方案都是一样的，只是信息呈现的方式不同，然而却造成了被试者的认知参照点大相径庭，一种是收益心态，一种是损失心态，决策的结果也明显不同。对决策者来说，某一决策带来的是利益还是损失对其最终选择有很大影响（Galinsky & Mussweiler，2001），框架效应理论认为，当面对收益时（积极信息框架），决策者倾向于选择能够带来确切收益的方案，表现出保守的、规避风险的一面；反之，当面对损失时（消极信息框架），决策者为了回避损失，倾向于偏好风险性的方案，表现出风险寻求。

在判断和决策领域，人们普遍关注的是决策问题的正性框架和负性框架给决策者带来的影响，即效价视角下的框架效应。效价框架效应是指决策方案所具有的正性和负性两种形式对于决策产生的差异化影响。管理者在做出选择判断之前，会去对所有与决策相关的信息进行分析、判断，框架效应正是通过影响个体的知觉过程，进而影响其决策判断。这种影响主要体现在以下三个方面：第一，相比于积极框架，消极框架对个体心理、情绪、认知以及行为的作用更显著，当消极信息出现时，机体会迅速感受到威胁，神经系统也更活跃。丹尼尔·卡纳曼和阿莫斯·特沃斯基（1982）指出积极信息框架会唤起人们积极的情绪，而消极信息框架会引发其负面情绪状态。第二，框架效应会影响管理者对信息的加工和吸收。阿莫斯·特沃斯基和丹尼尔·卡纳曼（1981）指出管理者的个体心理价值函数曲线是 S 型的（如图 3-3 所示），当信息以消极框架来呈现时，个体所面临的不同选择方案之间的差异性比以积极框架呈现时大，这体现在个体心理价值函数曲线上就是损失一端更加陡峭，损失比收益显得更加醒目，同样损失的效用大于同样受益的效用。第三，框架效应会影响管理者的信息加工方式。当信息以积极框架来呈现时（比如强调收益/成功/获得等正向信息），框架效应诱发了一种情感信息，管理者会表现出情感启发式推理（Dunegan，1993；张风华、曾建敏、张庆林，2010），即此时认知被唤起的程度较低，管理者倾向于做出积极乐观的评价；反之，当信息以消极框架来呈现时（比如向接受者强调损失/失败/失去等负向的信息），管理者则会警惕，愿意对信息进行更加深入的分析。

由以上分析本书认为，当建言信息以积极方式（而不是消极方式）呈现时，管理者越喜欢建言者，倾向于认为该员工对组织有较高忠诚度，其建言是建设性的，而建言者对自己的威胁也越大。

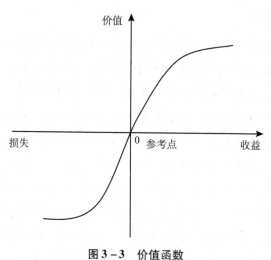

图 3 - 3 价值函数

资料来源：Daniel Kahneman A T. Prospect theory：An analysis of decisions under risk ［J］. Econometrica，1979，47（2）：263 - 291.

（三）建言时机与管理者建言认知

在 JAS 系统中，对管理者来说，用于决策的信息包括两个方面：内部信息和外部信息，其中，管理者自身掌握的与决策问题相关的信息称为内部信息，建言者（们）提供的信息则为外部信息，这些不同来源的信息会独立地或共同地作用于管理者。在 JAS 系统中，建言者会参与决策过程之中，管理者潜意识里会去参考所有的内外两方面的信息，然而最终决策中这些信息真正被参考和所占的权重则取决于建言的时间。若管理者形成初始决策之后才接收到建议，那么初始决策中则只会包含管理者的内部信息，而在做出最终决策时才考虑使用外部信息；相反，若管理者在尚未形成初始观点前就接收到建言者的建议，则初始决策和最终决策都可能会受到外部信息的影响。而且，接受他人建议前形成初始决策的管理者会更自信，建言在最终决策中的也权重较小（Sniezek et al，1990）。在本书中，把在管理者尚未形成初始决策时的建言界定为较早建言，而管理者已经形成了初始决策后的建言行为界定为较晚的建言。

在组织所面临的商业和经济环境日益复杂和不确定的今天，瞬息万变的商业形势及组织内部生产、技术等条件的变化都对组织的适应性、创新性、即时反应提出了更迫切的要求，组织中各个部门、组织工作流程的各个环节都存在许多限期创新过程，如限期制定营销战略、开发新产品等，而合理的分阶段安排，对时间的把握是其成功的关键，相应地，在这些项目活动中进行建言时，建言者对建言时机的把握就显得异常重要了。简·达顿、苏珊·艾许福和凯瑟琳·劳伦斯（Jane E. Dutton，Susan J. Ashford & Katherine A. Lawrence，2001）对82 名曾成功建言的员工进行访问，让被访者对其以往的建言行为进行描述，通过员工对建言行为的描述发现在员工成功建言的情况下，他/她们所考虑的一个很重要的因素就是"适宜的建言时机"。研究者指出，这些员工的描述表明"他/她们能精明地判断什么时候可以恰当、有效地建言，什么时候保留意见会更好"（Dutton et al，2001）。

如 JAS 系统模型所述，若管理者在尚未形成初始决策（Sniezek et al，1990）前就接收到建言者的建议，初始决策和最终决策都可能会受到外部信息的影响；若管理者形成初始决策之后才接收到建议，那么初始决策中则只会包含管理者自身的内部信息，而在做出最终决策时才可能考虑使用外部信息。在管理者建言采纳决策及对建言者的评价中，建言时机是一个很重要的因素（Van Dyne，Cummings & Parks，1995）。林·凡·戴恩等学者（1995）指出若是时机适宜，管理者通常会做出积极响应；而若是不合时宜，比如建言者所提出的方案要付诸行动的话，已经太迟了。建言者在活动过程临近结束才指出活动或工作流程的不足之处或提出其他方案，不仅建言不被采纳，甚至管理者对建言者的喜好和忠诚度知觉都会大打折扣，而其建言通常也被认为是缺乏建设性的。

由以上分析本书认为，当建言者能够较早建言（而不是较晚建言）时，管理者越喜欢建言者，倾向于认为该员工对组织有较高的组织忠诚度，其建言是建设性的。

三、建言行为特征与管理者建言采纳、建言者评价

由第二章文献梳理与综述的结果可以看出，关于员工建言行为与管理者建言采纳决策及建言者评价的关系上有两种不同的观点。

第一个观点是员工建言行为常常伴之以管理者对建言者的积极评价，并倾向于采纳建言。比如，林·凡·戴恩和杰弗里·勒平（1998）通过纵向数据的收集与分析，得出员工建言行为对绩效评价具有正向影响的结论。与林·凡·戴恩和杰弗里·勒平（1998）的研究相一致，史蒂文·怀汀、菲利普·珀德瑟科夫和杰森·皮尔斯（2008）采用准实验研究的方法，研究发现员工建言行为能够对其绩效评价结果产生显著的正向影响。托马斯·伍和丹尼尔·费尔德曼（2012）的研究同样指出员工表现出建言行为与员工绩效评价之间的正向关系。这主要有以下两个原因：第一，瞬息万变的竞争形势及工作环境对组织的适应性和创新性提出了新的要求，需要挑战现状的行为并进行建设性变革。因此，管理者通常把员工建言行为看作其工作绩效的重要组成部分（陈莹莹，2014）。第二，那些能够发起建设性建言的员工往往被认为有较高的组织承诺，而组织承诺是管理者进行绩效评价的一个重要方面（Allen & Rush，1998）。克里斯蒂娜·斯坦珀和林·凡·戴恩（Christina L. Stamper & Van Dyne，2001）也指出建言行为会潜在地提高员工的形象（LePine et al，2002）或者强化管理者对员工能力的认知，由此获得管理者较高的绩效评价（LePine & Van Dyne，1998；Whiting et al，2008）。

第二个观点则认为采纳员工建言会导致对建言者消极的绩效评价。这主要是因为：①管理者依据建言者所提供的信息和建议作出决策，当该建言能够帮助管理者成功时，建言者会得到相应的酬赏（如较高的绩效评价），反之，若是管理者因采纳了建言者的建议最终导致决策失败也会给建言者带来负面影响。②林·凡·戴恩和杰弗

里·勒平（1998），林·凡·戴恩等学者（1995）曾指出员工建言行为可能会对人际关系有负面影响，削弱员工间的合作。因此，建言氛围浓厚的团队或部门可能会面临较高水平的冲突以及较低的凝聚力，而这又可能会降低团队或部门的整体绩效。③不正确的建言方式有时候会被管理者当成是抱怨或批判，而抱怨或批判通常是不受欢迎的（LePine & Van Dyne，1998；Stamper & Van Dyne，2001）。④罗伯特·威克伦和彼得·高尔威泽（Robert A. Wicklund & Peter M. Gollwitzer，1982）认为如果个体想保持个人特征（权力、自尊）和社会地位（任期、隐私），个体将不断地去加固它们，并且尽量避免这些特征和地位的损失。借鉴资源保存理论的压力模型，本书认为员工选择建言带来的心理压力主要来自三个方面：建言可能招致的资源损失的威胁；建言的资源损失；建言之后难以获得资源补充。基于该理论，员工对于建言可能掉面子的知觉可能导致员工沉默。面子在中国是被很多人所珍视的一种资源。从资源保存的视角来看，越是重视面子维护的人，就越害怕建言带来个人资源的损失，往往会保持沉默。此外，还有一些研究认为管理者会想要回避因员工建言行为带来的局促不安的紧张感和不能胜任自己工作的威胁性感知（Blau，1955；Lee，1997；Menon & Pfeffer，2003），即使这些建言可能会给组织带来收益。因此，当员工建言行为发生时，管理者会质疑建言者的能力，批判或漠视其建言行为，并给予他/她们较低的绩效评价。

针对员工建言行为与管理者建言采纳决策及对建言员工的绩效评价之间关系的这两种不一致的结论，伊森·布瑞斯（Ethan R. Burris，2012）给出了解释，他指出管理者对员工建言行为的反应（管理者对建言的支持程度以及对建言者的绩效评价）取决于建言行为本身的特征。他把建言分为支持性建言与挑战性建言两种类型，其中，当员工提出支持性的建言时，管理者会表现出支持及采纳的倾向，并且对其绩效评价会更高。反之，当员工提出挑战性的建言时，管理者通常不会采纳其建言，并且对其绩效评价会较低。主要原因在于，管理者会认为那些参与挑战性建言的员工缺乏组织忠诚度，同时该行为是对自己权威与地位的挑战，因此诱发对建言员工相对较差的管理反应。因而，建言行为本身的特征会影响管理者的建言采纳决策及建言者评价行为，下面主要来探讨解决方案、建言框架和建言时机三个建言行为特征对管理者的建言采纳决策及建言者评价行为的影响。

（一）解决方案与管理者建言采纳、建言者评价

社会交换理论认为人际关系随着时间发生演化，并且人际关系如何发展取决于不同利益者间的交换规则。互惠规范作为社会交换的常用法则，受到了最多的关注。当个体得到他人提供的益处时，也会相应地向利益提供者提供必要的益处作为回报。随着时间的推移，这种互惠规范将导致关系双方的社会交换朝向信任与积极的情绪卷入状态发展，即双方建立了高质量的社会交换关系（段锦云、张倩，2012）。研究者认为如果员工认为自己与组织之间的关系是相互信任、尊重且令人满意的，那么，员工为了在交换互惠中回报组织，往往会作出超越自己职责范围的努力，特别是当某些潜在问题影响组织的进一步发展时，员工会更积极地参与到建言行为中（Thomas & Feldman，2011）。同时，这种积极的建言，特别是包含解决方案的建言可以帮助管理者提高决策质量和决策速度，采纳员工的这种建设性建议可以帮助管理者识别组织运行中存在的问题，提高其管理及决策的有效性，帮助管理者获得更大的成功，因而，管理者为了回报建言者，通常会给予其较高的绩效评价。高质量的建议更易被评判者采纳，赫尔穆特·容格曼（1999）在他的模型中提出建议质量是影响建议接受的四个因素之一。克莱尔·哈瑞斯、乔纳森·圣·埃文斯和伊恩·丹尼斯（Clare Harries，Jonathan St B. T. Evans & Ian Dennis）在 2000 年回顾了 20 项相关研究后指出建议质量的评估和建议采纳之间有一定关系，不准确的建议在最终决策中的权重更低。杰弗里·勒平和林·凡·戴恩（1998；2001）以及林·凡·戴恩和杰弗里·勒平（1998）、亚尼夫·伊兰和埃利·克莱因伯格（2000）通过对建言采纳决策的过

程进行模拟研究发现高质量的建言容易受到管理者的重视，得到采纳并且对建言者给出积极评价，而没有解决方案的建言对管理者来说，则很少去采纳，因而，在最终决策中的权数较低。

由以上分析本书认为，当建言信息中含有问题的解决方案时，管理者倾向于采纳建言并给建言者给予较高的评价。

（二）建言框架与管理者建言采纳、建言者评价

不同的信息框架对管理者的认知、判断有直接影响，因为积极信息框架或者消极信息框架会改变最好结果与最坏结果之间的差异（李纾、房永青、张迅捷，2000；Li S & Xie X, 2006）。在消费品购买决策、医疗方案选择，甚至新闻报道、人员甄选、审计判断等领域的众多研究（Johnson, 1987；Duchon et al, 1989；Dunegan et al, 1995；Schneider, 1995）都证实了框架效应的存在。尼拉·利伯曼等学者（Nira Liberman, Lorraine Chen Idson & E. Tory Higgins, 2005）指出消极框架情况下，一般而言，人们更容易产生不公平感，这是因为人们对"损失"的重视要比同等的"收益"大得多。欧文·莱文、桑德拉·施耐德和加里·格特（Irwin P. Levin, Sandra L. Schneider & Gary J. Gaeth, 1998）对框架效应进行了分类研究，将其归纳为三种类型：一是阿莫斯·特沃斯基和丹尼尔·卡纳曼（1981）所提出的影响风险偏好的风险选择框架效应，反映了人们对某种风险方案的选择率；二是影响对个体或事件特征评价的特征/属性框架效应，表示人们对特定属性或特征的评价结果；三是影响说服力的目标框架效应，表示人们对该行为的接受率；其中，特征框架是最基础的，它可以帮助我们来理解不同表述框架对信息处理及评价的影响（见图3-4）。有关特征框架效应在不同领域的应用研究（Johnson, 1987；Duchon et al, 1989；Dunegan et al, 1995；Schneider, 1995）表明，在个体认知和评价形成的过程中，特征框架会影响其对信息的编码和表达，积极特征容易唤起愉悦的联想编码，从而易于做出积极评价和判断；而消极的特征框架多带来令人不悦的联想编码，易于做出消极判断，这种效应被称为效价转移（Levin et al, 1998）。

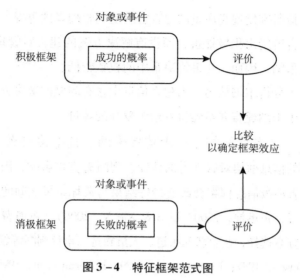

图 3 - 4　特征框架范式图

资料来源: Levin I P, Schneider S L, Gaeth G J. All Frames Are Not Created Equal: A Typology and Critical Analysis of Framing Effects [J]. Organizational Behavior & Human Decision Processes, 1998, 76 (2): 149 - 188.

由以上分析本书认为，当建言信息以积极方式（而不是消极方式）呈现时，管理者倾向于采纳建言并给建言者给予较高的评价。

（三）建言时机与管理者建言采纳、建言者评价

建言时机会影响管理者的建言采纳决策及对建言者的评价，概括起来有以下几个原因。

首先，员工在某一活动进程中较早建言可以帮助管理者掌握更多的信息，认清决策事实，诱发管理者对建言者的喜好等积极认知，因而其建言也更容易受到重视，被管理者采纳，并得到积极评价。其次，员工在某一活动进程中较早建言会给管理者带来这样一种暗示：建言者能够积极、主动地去思考组织/团队遇到的问题，许多实证研究也证明了此类主动性建言行为得到了组织管理者的奖励（Seibert, Crant & Kraimer, 1999; Seibert et al, 2001; Grant, Parker & Collins, 2009）。最后，活动进程中较晚发起建言的员工可能会给管理者留下负面印象，康尼·盖尔西克（Connie J. G. Gersick, 1989）跟踪

了来自6个不同组织（分别为一个银行、一个医院、一个社区基金会、一个精神病治疗中心、两个学校）的8个项目小组从项目开始到结束的全过程，这些项目有的持续几天，有的持续几个月，康尼·盖尔西克（1989）通过跟踪研究发现，虽然这些项目持续的时间长短不一，但是项目阶段的划分却非常相似，每个小组都会经历三个阶段：一是找出完成任务的方法的开始阶段，这个阶段通常占到整个任务期的一半时间；二是执行计划阶段；三是结束阶段。可见，员工要想自己提出的建言被管理者所采纳，应该在第一个阶段进行建言，否则会扰乱整个小组的任务执行和完结。卡梅伦·福特和黛安·沙利文（Cameron M. Ford & Diane M. Sullivan，2004）认为员工所提出的创新观点的贡献在一个项目生命周期的不同阶段其意义和影响也不同，建言和绩效的关系取决于项目的中间时间点，在中间时间点以前，创新建议可以帮助项目负责人及早识别问题、收集信息，找出应对措施；而过了这个时间之后，整个项目组/团队的目标是项目竣工，这时新的想法反而会打乱进程，因而此时建言会遇到挫折，建言者将会得到负面评价，相应的其建言也很少会被采纳。

由以上分析本书认为，当建言员工能够较早建言（而不是较晚）时，管理者倾向于采纳建言并给建言者给予较高的评价。

四、管理者建言认知与管理者建言采纳、建言者评价

当员工为了改变现状而不是逃避现状、消除不满时向管理者提出建议，管理者对员工此种建言方式的采纳与否和认可程度，主要体现在管理者是否增加关注和额外分配资源以支持员工建议的落实，员工建言成功与否的实质性结果：一是管理者采纳员工的建议；二是管理者对建言员工的评价，主要涉及员工的个人形象、可信度和名声，一般来说这几方面的评价直接关系到员工的整体绩效评估和组织对员工

潜在贡献的肯定。管理者对员工建言的评价是一种主观感受，员工建言后付出巨大代价或得到巨大回报主要取决于管理者对员工建言时的感受——管理者对建言者的喜好、员工对组织是否忠诚、员工建言是否威胁到管理者个人和组织发展及建言的建设性。

（一）喜好与管理者建言采纳、建言者评价

在本书中，喜好程度指的是管理者对建言者的偏爱程度。建言采纳是一个人际互动的问题，因此，社会文化情境对互动双方的心理和行为模式的影响是无法规避的，"关系"在中国社会生活当中至关重要，中国社会是一个讲究关系的社会，无论是从价值观层面还是现实层面均如是。"中国人际关系是在血缘的基础上和儒家伦理的规范下发展出来的带有社会交换性的社会行为"①，因而这里的关系含有"情感和信任"的含义，对管理者来讲，和建言者关系好，就意味着对建言者充分信任，就会易于唤起对建言者的积极评价和对建言的采纳。因而，当管理者评估一个下属的绩效时，会无意识地掺杂对员工的个人感情，在建言—认知—采纳这个环节中，管理者对建言者的喜好会影响到其对建言是否采纳，以及对建言者的评价。这与"触发图式影响"理论是一致的，该理论认为情感属性存储在认知图式的顶层，可以基于分类和唤起对与图式相匹配的事件实现快速访问，如当管理者发现建言者是他/她比较欣赏，或者喜欢的下属时，会唤起与之相对应的积极评价和建言采纳的行为。

20世纪70~80年代，许多认知心理学家对情绪和判断、决策的关系进行了研究，主要集中在消极情绪（愤怒、恐惧、悲哀等）对决策和判断的消极、破坏性的影响上，在这一时期，大多数研究者都把情绪看作个体决策判断的干扰因素。80年代后，学者们开始全面的考查情绪状态对问题解决及决策行为的影响，比如扎荣茨（Robert

---

① 翟学伟. 人情、面子与权力的再生产 [M]. 北京：北京大学出版社，2013.

B. Zajonc，1968）认为，在决策过程中，个体对刺激的情绪反应是自动发生的，是最为基本的，会影响管理者后续的信息加工和判断。保罗·斯洛维克（Paul Slovic）的"情感启发式"也表明了"管理者的决策和判断会受到其情感影响"的观点，同时，斯洛维克通过实证研究证实了"喜欢或厌恶等积极或消极情感会影响个体对他人或事物的判断"，并指出情绪在心理资源受限制的决策情境中常常会起到"启发式"作用。90 年代末，戴维·罗文斯坦恩（David Loewenstein）指出情绪可以增加风险决策的可预测性，是除了认知评价外一个很好的预测变量。西斯卡基诺和莫里斯·施韦策（2008）采用电影片段唤起管理者积极、中性或者消极的情绪状态，然后考察不同情绪状态下管理者的建言采纳决策。研究发现管理者的情绪状态越积极，对于建言者的信任程度就越高，进而更多地采纳建言。这一方面提示管理者在收到建言时要注意调整或反省自己的情绪状态以免错失金玉良言；另一方面提示建言者可以更有技巧地选择建言时机，在管理者积极情绪状态下提出建言更有可能被采纳。徐惊蛰和谢晓非（2009）认为管理者本身的情绪特征会从以下四个方面对员工建言行为能否被采纳起作用：第一，管理者对建言者本身的喜好会影响其建言行为是否被采纳；第二，有些决策问题及可能的后果带有丰富情感成分，管理者对决策结果的情感预期会影响其是否采纳建言的决策；第三，建言者的建议方案和管理者的初始决策两者有可能会发生冲突，这种冲突可能会引起管理者对建言的负面情绪，进而对其建言采纳决策产生影响；第四，管理者当时的情绪状态会影响其处理信息的方式及采纳建言者建议的意愿（Gino & Schweitzer，2008）。

根据描述性决策理论，通常管理者把风险和收益当作一对负相关的概念，在情感启发式的作用下，管理者常常依据情感来评价某一方案的风险与收益，这种情感可以给管理者提供对某个对象的喜好（喜欢或不喜欢）信息。观点采择的研究也发现，当观察者与目标对象有明显的喜欢倾向时，越会表现出观点采择行为，即是说"喜欢"会促进观点采择行为的发生（Galinsky et al，2008）。喜欢和中国传统文化中的"关系"紧密相关，关系在中国人社会生活中无处不在，是中国人社会行为的重要动力机制。中国人的关系并不是单纯的利益交换，更为重要的是彼此的义务、情感和信任。对于建言者而言，与管理者关系好意味着双方是长期互惠的，而且自己有责任和义务帮助、提醒管理者，因此建言者愿意花更多时间和精力去思考，从而提出更高质量的建议。而管理者对于与自己关系好的建言者，也是充分的信任，易于采纳其提出的建议和意见。这可以作为启发式因素影响管理者对建议质量的判断，进而提高管理者的建议采纳倾向性。表3-1总结了上级对下级的情感对上级对下级的绩效评价的影响研究。这些研究表明，上级对其下级的积极情感或喜欢经常意味着对其下级较高的绩效评价。

表3-1　上级对下级的情感对上级对下级的绩效评价的影响研究

作者	研究内容	研究方法	期刊来源
奥雅纳·瓦尔玛、安吉洛·德尼斯和劳伦斯·彼得斯（Arup Varma，Angelo S. DeNisi & Lawrence H. Peters，2010）	上下级间的情感与绩效评价	抽样调查研究	Personnel Psychology
桑迪·韦恩和杰拉尔德·弗里斯（Sandy Wayne & Gerald R. Ferris，1990）	上下级间的影响策略、情感	实验室研究和抽样调查研究	Journal of Applied Psychology
桑迪·韦恩和罗伯特·林登（Sandy Wayne & Robert C. Liden，1995）	印象管理与绩效评价	纵向调查研究	Academy of Management Journal
徐淑英和布鲁斯·巴里（Anne S. Tsui & Bruce Barry，1986）	上下级间的情感与绩效评价误差	抽样调查研究	Academy of Management Journal
蒂娜·罗宾斯和安吉洛·德尼斯（Tina L. Robbins & Angelo S. DeNisi，1994）	绩效评价中的人际情感与认知过程	抽样调查研究	Journal of Applied Psychology

作者	研究内容	研究方法	期刊来源
罗伯特·林登、桑迪·韦恩和迪恩·史迪威（Robert C. Liden, Sandy Wayne & Dean Stilwell, 1993）	上下级关系研究	纵向调查研究	Journal of Applied Psychology

由以上分析本书认为，当管理者越喜欢建言者，越倾向于采纳其建言，并且给建言者给予较高的评价。

（二）威胁性知觉与管理者建言采纳、建言者评价

威胁性知觉是一种认知建构，包含认知和判断的评价过程。在本书中，威胁性知觉指的是管理者对员工建言行为可能对自己造成的损失的一种知觉，这种损失可能是声望上的，也可能是地位上的。在崇尚创造力、创新、思想领导的商业时代，有时候采用组织中其他人的知识并不是一个好的职业提升策略，人们可能反而害怕承认了对方的知识/观点将意味着对对方含蓄的尊重，对自我的贬抑（Blau, 1955; Lee, 1997; Menon & Pfeffer, 2003）。也就是说，因为组织中他人给出的建议或信息威胁到个体的自我尊严和地位，个体通常对他人建议会表现出防备心理。保护激励理论（protection motivation theory, PMT）研究与个体自我保护激励相联系的威胁产生和处理的认知机制。PMT将有害性、感受到的威胁性和行为的有效性作为一个有效的害怕吸引的三个组成部分。根据PMT的观点，个体对威胁的评估和个体处理威胁的能力两者相结合形成个体逃避紧急风险以达到自我保护的动机，因为出于获取更多经济利益的动机，人们更欢迎那些可以获益的信息，而忽略存在风险的、威胁性的信息。在中国文化背景下，"面子"（翟学伟，2001）对国人来说异常重要，林语堂（1994）说"面子、命运、恩惠是统治中国的三女神，与命运、恩惠相比，面子更有力量，甚至比宪法还要受人尊敬"。在中国人的社会生活中，面子是打开各种"暗锁"的金钥匙（Smith, 1890）。在各种组织中，员工

们的社会人际关系与其工作密切相连，每个人都有面子情结，需要维护自己的社会地位或者声望，因而有时候员工向上级建言——指出当前工作的不足之处或提出更好的解决方案——会让上级感觉到丢面子，感知到对自己地位或声望的威胁，这种知觉会唤起对建言者的消极评价和较少的建言采纳倾向性。

由以上分析本书认为，当管理者知觉到来自建言者的威胁（地位、声望等），越倾向于拒绝其建言并给建言者给予消极的评价。

（三）忠诚度知觉与管理者建言采纳、建言者评价

组织忠诚指的是员工能够尽心竭力、赤诚无私，真正的设身处地的为组织所思所想。吉尔·格雷厄姆（Jill W. Graham，1991）把组织忠诚定义为超越狭隘的个人、工作组和部门利益，认同并效忠组织。典型忠诚性行为包括当组织受到威胁时，主动保卫组织；为组织良好声誉努力贡献；与他人合作以服务于组织整体利益。在中国情境下，一方面是儒家传统思想造就的中国传统忠诚意识的影响；另一方面是随着社会转型渗透进来的西方社会的忠诚意识，在这两方面综合作用下，形成了当今华人特有的组织忠诚概念。国内学者姜定宇等（2003）在中国情境下给出了华人组织忠诚的概念"经由拟家族化的历程，使个人角色与组织紧密结合，而愿意将组织的利益，置于个人利益之上，并且主动为组织付出"，与西方学者的定义相比较，华人组织忠诚更强调个人为组织利益而自我牺牲（郑伯壎、姜定宇，2005）。在本书中，忠诚度知觉指的是对员工在组织中所表现出来的行为指向和心理归属的认知和判断，是管理者根据建言者建言的相关属性，对建言者是否能够尽心竭力的奉献于所在组织的认知和判断。管理者对员工忠诚的认知已被证明会影响绩效评价（Allen & Rush，1998），在管理者看来，忠诚度高的员工是真正的关心组织的发展，因此，忠诚度的员工的建言通常会得到较高的评价（Whiting et al，2008），易于被管理者所采纳。

由以上分析本书认为，当管理者知觉到员工对组织的忠诚时，越

倾向于采纳其建言并给建言者给予较高的评价。

（四）建设性知觉与管理者建言采纳、建言者评价

建设性指的是积极促进事物发展的性质。威廉·戈登（William Gorden，1988）把组织中员工的沟通行为按积极/消极与建设性/破坏性两个维度分为四种：第一，积极建设性行为，包括建言、辩论、共同决策、谈判、有原则的异议；第二，消极建设性行为，程度上相对比较温和，包括细心倾听、默默地支持、顺从与合作；第三，积极破坏性行为，包括向同事抱怨、口是心非、语言攻击、说人坏话；第四，消极破坏性行为，包括漠不关心、蓄意沉默；可见，按照威廉·戈登（1988）的分类，建言行为是属于积极建设性的员工沟通行为。同时，建言、辩论、共同决策、谈判、有原则的异议都是从组织利益的角度出发，其目的是促进组织成长或改进，因而，所谓建设性行为，就是能够促进组织的改善或发展的行为，在本书中，建设性知觉指的是管理者对建言有效性（能否促进组织改善或解决问题）的认知和判断。

建设性的、高质量的员工建言更易被管理者采纳，克莱尔·哈瑞斯、乔纳森·圣·埃文斯和伊恩·丹尼斯（2000）通过对 20 项研究的汇总和对比，发现不准确的员工建言往往被组织管理者所忽视，相应的建言在最终决策中的权重很低，建言质量和管理者建言采纳决策紧密相关。因而在决策未实施之前，建言的建设性很大程度上就成了管理者对建言质量的判断的一个重要标准。史蒂文·怀汀、菲利普·珀德瑟科夫和杰森·皮尔斯（2008）指出那些表现出更多建言行为、忠诚度高的员工会得到较高的评价。尽管建议折扣效应普遍存在，那些不准确的建议在最终决策中的权重更低（Yaniv & Kleinberger，2000）。事实上，评估建议质量并调整权重策略是一个动态学习的过程。建言者在上轮决策中的表现会影响管理者在当前决策中的权重策略，而且该过程具有"不对称"性：建言者通过高质量的建议建立起正面信誉的过程非常缓慢，但极少数低质量的建议就

足以破坏建言者的信誉，使管理者迅速降低其建议的权重（Yaniv & Kleinberger，2000）。

　　由以上分析本书认为，当管理者知觉到建言的建设性时，越倾向于采纳其建言并给建言者给予较高的评价。

　　本章首先介绍了本书的理论基础——认知行为理论，构建了本书的总体理论模型，同时对该理论模型进行了解释说明，然后在第二章文献综述的基础上对员工建言行为的解决方案、建言框架、建言时机、喜好、威胁性知觉、忠诚度知觉、建设性知觉、管理者建言采纳、建言者评价各个变量间的逻辑关系进行了理论推理。

第四章

研究设计与预测试

本章首先对研究对象（包括预测试阶段和正式测试阶段）的选取进行了说明，接着在借鉴前人成熟测量量表的基础上，设计出本书的初始测量问卷，进行了预测试，并对预测试的结果进行了样本特征分析及数据分析，在此基础上对初始问卷进行了补充和修正。

第一节　研究对象与样本量的确定

一、研究对象的确定

本书的整个调查过程分为两个阶段，第一阶段为预测试。笔者本身系高校教师，预测试阶段拟在本校选择经济管理类部分大三、大四学生干部（班级干部或学生会等社团干部）进行情境问卷调查，同时笔者也请其他在一本、二本高校教书的教师朋友们选择了他们学校经济管理类大三、大四学生干部（班级干部或学生会等社团干部）进行了同样的实验。主要从湖北省的中国地质大学、武昌理工学院，江西省的南昌大学、九江学院，江苏省的南京师范大学泰州学院五个高校经济管理类专业选取在校本科大三、大四学生干部（班级干部或学生会等社团干部）进行预测试。这主要是出于两方面的考虑：一方面，经济管理类专业的学生对组织行为学、决策学相关的理论基础知识有所了解，对研究的目的比较容易理解，对问卷中所涉及的情景材料内容比较熟悉；另一方面，选择有班级或社团管理经验的大三、大四学生进行调研可以更好地切合本书的正式调查对象。同时，他们可以从一个"管理者"的角度来审视调查问卷内容的设置及表述，给予相应的反馈意见和修改建议，为后期根据预测试结果和回访反馈信息对问卷进行修改完善打基础。

由于本书主要考察组织中管理者建言采纳决策及建言者评价机理，因此，第二阶段正式调查中调研数据则是来源于国内各类组织中管理者填写的问卷，调查对象主要锁定为组织中基层主管及以上职位的管理者，对于行业及组织性质则不作要求。

二、研究样本量的确定

在本书中，样本大小方面，预测试和正式调查研究所需样本量是不同的。预测试的目的主要是为了进行研究问卷的优化，属于探索性研究的范畴，本书将预测试的样本量定在100人左右。

在正式调查研究中，本书将涉及用结构方程模型进行数据分析，一个自变量大约需要15个样本（James Stevens，2012），平均一个估计参数需要5个样本（Bentler & Chou，1987）；一般认为样本量太小容易导致模型不能收敛，进而影响到参数估计，但如果样本量太大，则容易导致拟合优度指标不理想。侯杰泰等（2004）通过多年的研究经验，指出大多数结构方程模型需要至少100～200个样本。本书正式调查参考侯杰泰总结的标准，同时，因为本书调查问卷为情境式问卷，且情境材料比较多，但是对调研对象有一定要求，问卷收集有一定难度，因此将样本量定在250～350个。

第二节 问卷开发过程及量表设计

一、问卷开发过程

为确保本书问卷有较好的信度和效度，问卷开发工作按照以下步骤严格展开。

（一）收集已有成熟变量测量量表

通过仔细查阅国内外相关研究文献，按照本书的理论框架，收集整理已有的变量测量量表，严格挑选其中已经被检验或应用的，较为成熟的变量测量量表，以此为基础来进行本书的问卷设计。

（二）测量量表的翻译

本书中测量量表均是参考国外成熟量表而来，因此，为了保证语言等值性，争取译文能够传达原文承载的信息，保证翻译的质量，在对建言认知量表及建言采纳评价量表的翻译过程中反复进行了多次修改。首先，笔者自己将相关英文量表翻译成中文；其次，分别邀请了两位英语专业和两位心理学专业的老师对笔者翻译出的中文量表进行修改；最后，再邀请另外两位英语专业和心理学专业的老师将翻译好的中文量表译回英文量表，并对此次翻译后的英文量表与英文原版量表条目进行比较，反复推敲、修改后形成初步测量量表。

（三）形成初始测量问卷

在编制初始问卷的过程中，通过和相关专家和企业代表沟通，对上一阶段形成的初步测量量表进行修改和补充，使得量表更能反映调查对象的特点和组织实际情况，同时更简洁、易于理解。

（四）预测试

对上一步骤形成的初始测量问卷进行预测试，根据收集到的数据检验量表题项的鉴别度和内部一致性信度。

（五）形成最终测量问卷

根据上一步骤的分析结果，对测量题项进行优化，比如删除某些垃圾题项，保证题项的鉴别度和内部一致性信度。同时结合调查对象的反馈和相关专家的建议，对各个题项的内容从表述上、题项的逻辑顺序上等各个方面进行进一步的审查、修改和完善，形成最终测量问卷，用于正式调查研究。

以上所述开发过程如图4-1所示。

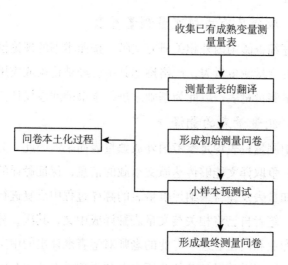

图4-1 本书问卷开发流程

二、问卷量表设计

本书通过对相关研究的深入思考，对变量间关系进行了严谨的推导（详见第三章）。本书主要涉及以下几个变量：解决方案、建言框架、建言时机、喜好、威胁性知觉、忠诚度知觉、建设性知觉、建言采纳、建言者评价。问卷设计主要采用以往学者研究测量量表或题项，并结合调查对象的特征对项目进行调整，最后由组织行为学和决策学专业的专家及企业代表进行最终审核，确保无语意不清或过于专业化的表述题项。

（一）建言行为特征变量

本书中建言行为特征指标主要有解决方案、建言框架、建言时机三个，在给出不同情境材料来考察当建言行为中是否包含问题解决方案、建言陈述呈现方式为积极框架还是消极框架、较早建言还是较晚建言的条件下管理者对建言行为的认知、建言采纳决策及建言者评价行为。具体情境材料如表4-1所示。

表4-1　　　　　　　　　问卷所涉及的情境材料

指标		具体表述
材料背景		某公司某项目小组要开发一种抗过敏用药，该项目组有七名成员，负责人叫李明，成员包括张华等六人。他们要对产品设计、包装以及营销负责。在项目小组会议上，组员张华向负责人李明提出如下改进建议
解决方案	有解决方案	第一，我认为应改用一个这类药品消费者更愿意接受的更保守的颜色，可以用比较简单、低调的颜色，比如跟去年老年痴呆症药差不多的颜色。第二，对于包装盒，可以采用深蓝色或象牙色等传统色。第三，药品大小。现在这种小三角形我觉得病人用起来非常不便，应当用稍微大一些的椭圆形胶囊。最后就是瓶子的大小，我认为可以采用和嘌呤霉素同样的瓶子，既美观又实用
	无解决方案	我觉得配色方案、药品大小，甚至是包装都不太合适
建言框架	积极框架	如果有效解决了配色方案、包装盒、药片大小和瓶子的问题，我认为可以大大提高市场占有率
	消极框架	如果不重视这些方面的问题，会影响产品的推广，失去一部分消费者
建言时机	较早建言	产品和包装设计工作已开始慢慢步入正轨，离产品正式发布还有3个月
	较晚建言	经过两个多月努力，完成了产品设计，营销活动也将开始启动，且已有了药品管理局的批文。因此，产品将会在一周内推出

研究一采用2（有无解决方案）×2（积极或消极建言框架）×2（较早或较晚建言）完全随机设计，共8种情境材料。研究管理者对建言行为的认知、管理者建言采纳决策及对建言者的评价在这8种不同情境下是否存在显著性差异。研究二则考察管理者建言行为认知对建言行为特征与管理者建言采纳决策、建言者评价的中介效应。

（二）建言行为认知变量

管理者接收到建言后，会对这些信息资料进行主观选择处理和信息加工，形成整体的认知。本书中建言行为认知变量主要有喜好、威胁性知觉、忠诚度知觉、建设性知觉四个。其中，喜好测量量表是根据桑迪·韦恩和杰拉尔德·弗里斯（1990）开发的上级对下级的喜好量表改编和修正而成。威胁性知觉测量量表是由谭雅·梅侬、莉·汤普森和崔镇男（2006）和马林·特纳等学者（Marlene E. Turner et al, 1992）的研究改编而成。谭雅·梅侬、莉·汤普森和崔镇男（2006）通过访谈和实验发现感知到威胁（主要是对自身地位的威胁）会影响组织中个体接受或运用他人知识/建议的倾向性。马林·特纳等学者（1992）则主要研究了对组织成员自尊的威胁与其决策质量的相关性。忠诚度知觉测量量表由史蒂文·怀汀、蒂莫西·梅恩和菲利普·珀德瑟科夫（Steven W. Whiting, Timothy D. Maynes & Nathan P. Podsakoff, 2012）的研究翻译修正而来。建设性知觉测量量表由威廉·戈登（1988）的研究改编而来，他从主动/被动以及建设性/破坏性两个维度研究了组织中的员工建言行为。

（三）管理者建言采纳及建言者评价变量

员工建言作为一种双向的人际沟通行为，要想提高其成功率，不仅仅要考察哪些要素或机制会诱发建言，还需要考察管理者建言采纳决策及对建言者的评价，这对于有效激发员工建言至关重要。本书主要参考史蒂文·怀汀、蒂莫西·梅恩和菲利普·珀德瑟科夫（2012）的研究来测量管理者对建言行为是否认可，参考斯科特·麦肯齐、菲利普·珀德瑟科夫和理查德·费特（Scott B. MacKenzie, Philip M. Podsakoff

& Richard Fetter, 1991) 及桑迪·韦恩和杰拉尔德·弗里斯 (1990) 的研究来形成对建言者的评价量表。

综合上文分析, 设计出本书的问卷量表 (见表 4 - 2)。对于问卷选项的设置, 如果选项太少 (如同意、不确定、不同意三个选项), 得到的信息过于粗略; 而如果选项过多, 则超过了普通人的辨别能力, 影响调查结果的准确性 (Berdie, 1994; 吴明隆, 2001)。因此, 本书问卷计分的方法采用李克特五点量表法, 采用完全同意、同意、不确定、不同意、完全不同意五点计分法, 对它们分别赋值为 5、4、3、2、1。

表 4 - 2 各个变量所包含的项目

变量		题项	量表来源
建言行为特征①	解决方案	S: 张华提供了如何解决他所提出问题的具体方案	史蒂文·怀汀、蒂莫西·梅恩、菲利普·珀德瑟科夫 (2012)
	建言框架	F: 张华指出了改进现有方案带来的好处	
	建言时机	T: 张华提出建议时, 距离产品发布还有足够多的时间	
建言行为认知	喜好	LK1: 我喜欢张华这类员工	桑迪·韦恩和杰拉尔德·弗里斯 (1990)
		LK2: 我与张华这类员工相处的很好	
		LK3: 管理张华这类员工是一种享受	
		LK4: 我会想要和张华这样的人做朋友	
	威胁性知觉	TP1: 张华的建言行为会影响他人对我能力的肯定	谭雅·梅侬、莉·汤普森和崔镇男 (2006); 马林·特纳等学者 (Marlene E. Turner et al, 1992)
		TP2: 如果我的上司听到张华的建议, 会认为我的计划有漏洞	
		TP3: 如果采纳张华的建议, 我会在小组其他成员面前失去威信	
		TP4: 如果采纳张华的建议, 将会影响我的考核成绩	

---

① 主要用于引导调查对象从这三个角度去思考情境材料。

续表

变量		题项	量表来源
建言行为认知	忠诚度知觉	PL1：张华关心组织的利益	史蒂文·怀汀、蒂莫西·梅恩和菲利普·珀德瑟科夫（2012）
		PL2：张华确实在思考对组织来说什么是重要的	
		PL3：张华将不遗余力地帮助组织	
		PL4：张华不会故意做对组织有害的事情	
	建设性知觉	CP1：张华的建议非常有建设性	威廉·戈登（1988）
		CP2：张华的建议对我很有启发	
		CP3：张华的建议会提高团队的绩效	
建言采纳与评价	建言采纳	AC1：我会把张华的建议反映给我的上司	史蒂文·怀汀、蒂莫西·梅恩和菲利普·珀德瑟科夫（2012）
		AC2：我会支持张华的建议	
		AC3：我认为张华的建议可以实施	
	建言者评价	EV1：张华的建议非常有价值	斯科特·麦肯齐、菲利普·珀德瑟科夫和理查德·费特（1991）；桑迪·韦恩和杰拉尔德·弗里斯（1990）
		EV2：如果将来有职位空缺，我会推荐张华	
		EV3：如果张华被提拔，我们成了同级，我觉得他能够胜任其工作	
		EV4：我认为张华的工作非常出色	

注：本书各指标均采用李克特五点量表（完全同意为5、同意为4、不确定为3、不同意为2、完全不同意为1）。

第三节　预　测　试

一、实验设计

本书预测试阶段从 2014 年 3 月 5 日到 2014 年 4 月 10 日共收回有效问卷 116 份。

（一）实验对象

实验对象主要为经济管理类大三、大四学生干部（班级干部或学生会等社团干部），具体见本章"研究对象的确定"。

（二）　实验材料

实验材料见附录问卷1~8。一共设置有2（有或无解决方案）×2（积极或消极建言框架）×2（较早或较晚建言）8种情境，进行完全随机实验。

（三）　实验设计

采用虚拟情境，进行2（有无解决方案）×2（积极或消极建言框架）×2（较早或较晚建言）组间因子实验设计，共8种情境材料。

自变量1解决方案：水平1——有解决方案，是员工向其上级建言时不仅指出问题，还提供了具体解决方案；水平2——无解决方案，只是指出问题。

自变量2建言框架：水平1——积极陈述框架，建言者指出对目前情形进行改进可能的积极影响；水平2——消极陈述框架，建言者指出对目前情形不加以重视可能的消极影响。

自变量3建言时机：水平1——较早建言，建言者在项目或工作任务刚刚开始阶段进行建言；水平2——较晚建言，建言者在项目或工作任务临近结束才指出问题、提出建议或方案。

因变量——管理者建言认知、建言采纳决策及建言者评价。

（四）　实验程序

利用学院召开学生会、班干部会议的机会，在会议结束后在教室完成实验问卷。8个版本的实验材料和问卷随机发放，情境材料和问卷分别发放，以确保受试者有足够的时间阅读情境材料及填写问卷。

实验指导语如下："同学们，你们好，非常欢迎你参加本次实验研究，本实验的目的是了解你们对建言的认知、建言采纳与建言者评价倾向性，实验结果只做科研之用，请大家不要有任何顾虑，根据自己真实想法回答问题，本问卷不记名、不公开、不评分，意见没有对错之分，请你认真阅读材料回答。如有问题请向老师提出来。"

宣读完后询问被试是否明白，等得到被试肯定答复后要求被试者仔细阅读拿到的情境材料（见本书附录中的调查问卷）。为了让被试者能够准确理解情境材料的描述，时间控制为 3 分钟。

然后，要求被试者在仔细阅读情境材料的基础上根据自己的真实感受填答问卷，并要求被试者留下性别、年龄等个人信息，为了让被试者能够准确填写问卷，时间控制为 5 分钟。待被试者回答完问题，实验结束，收回数据。

最后，随机抽取部分同学，请其指出在问卷填写过程中对问卷所述问题或情境材料有疑虑或异议的地方。主试（由研究者本人及一名学工老师担当）把反馈信息记录下来。

整个实验中，主试按指导语给被试讲解实验任务，除此外主试不给被试任何暗示。实验在安静的会议室进行，被试之间有一定的距离间隔，以避免相互之间的干扰。

二、数据样本特征分析

因为本书的预测试调查对象为在校大三、大四学生干部（班级干部或学生会等社团干部），个体层面的信息主要包括年龄和性别两个方面。

从表 4 - 3 可以看出，预测试对象年龄集中在 20 ~ 25 岁，20 岁的有 9 位，占 7.76% ；年龄在 21 岁、22 岁、23 岁的均比较多，分别占到 27.58% 、33.62% 、23.27% ；年龄在 24 岁、25 岁的也比较少，分别只有 6 位和 3 位。

表 4 - 3   被试者年龄的分布统计

统计内容		频次	百分比（%）	累计百分比（%）
年龄	20	9	7.76	7.76
	21	32	27.58	35.34
	22	39	33.62	68.96
	23	27	23.27	92.16
	24	6	5.17	97.33
	25	3	2.67	100.00

从表 4 - 4 可以看出，预测试对象中男性为 41 位，占 35. 34%，女性为 75 位，占 64. 66%。这主要是因为测试对象为管理类专业的大三、大四学生干部（班级干部或学生会等社团干部），在各个高校经济管理类专业女生的报考率均比较多。

表 4 - 4 被试者性别的分布统计

	统计内容	频次	百分比（%）	累计百分比（%）
性别	男	41	35. 34	35. 34
	女	75	64. 66	100. 00

三、预测试分析结果

在进行预测试前本书已经使用 SPSS19. 0 版的缺失值分析模块对缺失值进行了分析与处理。在预测试分析阶段，本书主要进行鉴别度分析和内部一致性信度分析。题目鉴别度分析主要通过观察修正后项目和与总分的相关系数（corrected item-total correlation，CITC）来净化测量题项，删除某些可能导致变量产生多个维度的"垃圾条款"，以使测量题项能够更好地解释每个因子。卢纹岱（2002）指出，"如果某个测量题项的 CITC 值小于 0. 3，且删除该测量题项后，克朗巴哈信度系数增大，则可以删除该题项"[①]，同时，要对删除该测量题项前后的克朗巴哈信度系数分别进行计算。内部一致性信度分析则通过克朗巴哈信度系数来检验。统计学上一般认为一致性信度系数 α 如果在 0. 90 以上，表示量表的信度非常优秀，如果一致性信度系数达到 0. 80 以上，则表示量表或测验信度比较高。多数学者认为如果 α 系数大于 0. 7，问卷的信度是可以接受的。

综上，本书以 0. 3 作为测量题项净化的标准，凡是 CITC 统计值

---

① 卢纹岱. SPSS for Windows——统计分析 [M]. 北京：电子工业出版社，2006，06.

低于0.3的题项均予以删除；以0.7作为可以接受的内部一致性信度标准。下面将运用此原则进行预测试分析。结果如表4-5所示。

表4-5 量表 CITC 统计值与克朗巴哈 α 系数

测量条款	CITC 值	删除该题项后 α 系数	分量表的 α 系数	整体 α 系数
LK 1	0.752	0.832		
LK 2	0.798	0.824	0.875	
LK 3	0.719	0.856		
LK 4	0.705	0.850		
TP 1	0.476	0.761		
TP 2	0.567	0.704	0.763	
TP 3	0.596	0.691		
TP 4	0.632	0.673		
PL 1	0.620	0.762		
PL 2	0.645	0.750	0.808	
PL 3	0.697	0.724		0.876
PL 4	0.541	0.797		
CP 1	0.695	0.917		
CP 2	0.825	0.807	0.890	
CP 3	0.845	0.788		
AC 1	0.476	0.814		
AC 2	0.683	0.589	0.768	
AC 3	0.679	0.594		
EV 1	0.504	0.874		
EV 2	0.763	0.771	0.847	
EV 3	0.751	0.776		
EV 4	0.732	0.785		

从表4-5中可以看出，研究量表中全部22个测量条款的 CITC

系数均符合大于 0.3 的最低标准，因此应当予以保留。同时，各分量表的 α 系数分别为 0.875、0.763、0.808、0.890、0.768、0.847，量表的整体 α 系数为 0.876，均大于 0.7，这说明该问卷测量题项内部一致性信度较高，问卷测量是稳定可靠的。

接下来，本书用预测试数据进行了 KMO 检验和巴特利特球形检验以判断是否可以进行因子分析。结果见表 4 - 6 所示，KMO 值为 0.885，接近于 1；巴特利特球形检验的近似卡方值为 1 613.856，自由度为 231，检验的显著性水平为 0.000，表明该量表适合进行因子分析。

表 4 - 6   KMO 和 Bartlett 检验

取样足够度的 Kaiser - Meyer - Olkin 度量		0.885
Bartlett 的球形度检验	近似卡方	1 613.856
	df	231
	Sig.	0.000

接下来，运用 SPSS19.0 的"降维——因子分析"进行了探索性因子分析，以检验各个题项的单维性。对量表中各项目得分进行因子分析，采用主成分分析法得到主成分提取结果（如表 4 - 7 所示）和初始因子负荷矩阵，由表 4 - 7 可知共提取 6 个特征值大于 1 的因子，解释了 74.928% 的方差，能解释变量的大部分差异。为了明确各主因子的含义，进一步对初始因子负荷矩阵进行方差最大化旋转，得到旋转成分矩阵，如表 4 - 8 所示。

表 4 - 7   主要成分分析提取结果

因子	特征值	贡献率（%）	累计贡献率（%）
1	9.311	42.324	42.324
2	2.304	10.474	52.799

续表

因子	特征值	贡献率（%）	累计贡献率（%）
3	1.486	6.754	59.552
4	1.344	6.110	65.662
5	1.026	4.662	70.324
6	1.013	4.604	74.928

表 4 - 8 旋转成分矩阵

变量	因子					
	1	2	3	4	5	6
喜好 1		0.638				
喜好 2		0.791				
喜好 3		0.799				
喜好 4		0.603				
威胁性知觉 1			0.620			
威胁性知觉 2			0.758			
威胁性知觉 3			0.794			
威胁性知觉 4			0.782			
忠诚度知觉 1				0.594		
忠诚度知觉 2				0.679		
忠诚度知觉 3				0.727		
忠诚度知觉 4				0.765		
建设性知觉 1	0.772					
建设性知觉 2	0.786					
建设性知觉 3	0.851					
采纳 1						0.748
采纳 2						0.656
采纳 3						0.702
评价 1					0.534	

变量	因子					
	1	2	3	4	5	6
评价 2					0.758	
评价 3					0.774	
评价 4					0.714	

第四节　初始测量量表的修正与补充

根据预测试数据分析的结果以及在填写问卷过程中调查对象的反馈信息，笔者咨询了相关专家的意见和建议，对问卷进行了修缮。根据 CICT 及内部一致性信度分析的结果，发现量表中全部测量题项的 CITC 系数均符合要求，同时各分量表的 α 系数及量表的整体 α 系数均大于 0.7，所以原测量题项均予以保留，主要在问卷内容上作了以下几处修改。

一、对问卷中设置题目的表述方式进行语言上的提炼和简化

主要从以下两个方面进行了修改和完善。

第一，情境材料的表述。本书问卷为情境材料，因而对材料内容的要求比较严格，既要求详尽表述事实，又要求表述精练。通过和部分调查对象的交流，对 8 个情境材料分别作了修改。比如，材料背景部分，把 "A 公司某项目小组要开发一种抗过敏用药，该项目组有 4 名成员，要对产品的设计、包装以及营销负责。该小组负责人叫李明，成员包括张华、赵亮、杨洋" 改成了 "某公司某项目小组要开发一种抗过敏用药，该项目组有 7 名成员，负责人叫李明，成员包括张华等 6 人。他们要对产品设计、包装以及营销负责"，这样避免太

多无关人物的出现对调查对象的干扰。

第二，问卷条款的表述。通过和部分调查对象的交流，对问卷条款作了修改。如喜好测量中条款"我认为张华会是一个好朋友"改为"我会想要和张华这样的人做朋友"；威胁性知觉测量条目中，把"如果采纳张华的建议，我将会失去奖金"改为"如果采纳张华的建议，将会影响我的考核成绩"。

二、增加了部分条款

为了引导调查对象对材料的理解，增加了对解决方案、建言框架、建言时机的识别描述题项。

三、对调查对象个人信息内容进行了修改

因为预测试调查对象都是在校大学生，因此，组织类别、组织规模、职位相关信息没有涉及，在正式调查中增加了相关内容。再就是年龄信息的获取，预测试中是让被调查者直接填写（因为年龄区分不大，没办法分段），而正式问卷则采用分段选择的方式进行。

本章是正式调查研究前的准备，主要内容为本书的研究设计和预测试分析。首先对研究设计进行了详细阐述，包括：①预测试研究对象的选取、正式调查研究对象的选取；②研究变量的测量维度；③量表来源；④预测试实验设计。接着应用初始测量问卷，进行了预测试，结果显示量表题项鉴别度较好和内部一致性信度也比较高，因此初始测量问卷的题项均予以保留，只是结合调查对象的反馈信息和专家的指导对个别题项内容进行了修正。

第五章

建言行为特征与管理者建言认知、建言采纳决策及建言者评价的关系研究

第一节 研究目的与研究假设

一、研究目的

考察建言行为特征变量即建言信息中有无解决方案、以积极方式还是消极方式呈现建言、建言时机的早晚对管理者建言认知、建言采纳决策及对建言者评价的影响。

二、研究方法

本书中调研数据是来源于国内各类组织中员工填写的问卷，调查对象主要锁定为基层主管及以上职位的管理者，对于行业及组织性质则不作要求。抽样的方式属于"滚雪球式抽样"，指的是先选择一些被访者并对其进行调查，再请他们提供另外一些属于所研究

目标总体的调查对象，根据所形成的线索选择此后的调查对象。具体来讲，笔者首先有选择的选取一些朋友和同事进行调查，再请他们利用其人脉和关系网选择一些朋友或同事进行问卷填写，以此形成本书的总体样本。从 2014 年 4 月 15 日到 2014 年 6 月 20 日共收回有效问卷 302 份。

本书采用 2（有无解决方案）×2（积极或消极建言框架）×2（较早或较晚建言）完全随机设计（见表 5 - 1），共 8 种情境材料，每个调查对象填写一种情境问卷。考察解决方案、建言框架、建言时机不同水平下管理者对建言行为认知及建言者评价、建言采纳决策的差异。情境材料的具体描述参见第四章中的表 4 - 1 问卷所涉及的情境材料。在不同情境材料下进行调研时，先让调查对象对解决方案、建言陈述框架、建言时机的不同进行判断：①张华提供了如何解决他所提出问题的具体方案；②张华指出了改进现有方案带来的好处/可能造成的危害；③张华提出建议时，距离产品发布还有足够多的时间。用五点李克特量表来测量（5 为完全同意；4 为同意；3 为不确定；2 为不同意；1 为完全不同意），其中对建言框架的描述在积极建言框架情境的问卷中采用描述一"张华指出了改进现有方案带来的好处"，在消极建言框架情境的问卷中采用描述二"张华指出了现有方案可能造成的危害"。结果可见较"好"情境条件下——有解决方案、积极建言陈述框架、较早建言时平均分值也较高，分别为 3.52、3.14、3.38；较"差"情境条件下——无解决方案、消极建言陈述框架、较晚建言时平均分值也较低，分别为 2.79、2.90、2.76。因此，调查对象对情境材料中解决方案、建言陈述框架、建言时机的认知和情境材料本身所预设的情形是一致的，这说明用不同情境材料对解决方案、建言时机进行描述的研究设计是可行的。

表 5 – 1　　　　　　　　　　　　　研究设计

自变量			因变量
解决方案	信息框架	建言时机	建言认知、建言采纳与评价
有解决方案	积极框架效应	较早提出建议	建言认知 建言采纳 建言者评价
		较晚提出建议	
	消极框架效应	较晚提出建议	
		较早提出建议	
无解决方案	消极框架效应	较早提出建议	
		较晚提出建议	
	积极框架效应	较晚提出建议	
		较早提出建议	

三、研究假设

　　员工建言指的是当一个员工识别出组织中存在的问题时，把有关信息与其上司进行沟通，试图让上司接受其想法的一种行为。因此，建言行为特征要素对于建言能否被管理者采纳起着决定性作用，并且管理者会据此对建言者做出相应评价。同时，管理者接受到来自其下属的建言信息后，会对这些信息资料进行一番主观的选择处理和信息加工，然后形成整体的认知，因而，建言行为特征不可避免地会对管理者建言行为认知的形成产生影响。

　　已有研究表明（LePine & Van Dyne，1998；Van Dyne & LePine，1998；LePine & Van Dyne，2001）在组织中那些指出组织运行中存在的问题，并明确给出具体方案的员工通常被他们的上司认为是真正关心组织的。同时，高质量的建言（建言中包含有对其所提出的问题的具体解决方案）容易受到管理者的重视，从而被采纳，并对建言者给出积极评价，反之，没有解决方案的建言对管理者来说，很少去采纳。

框架效应理论告诉我们：本质上一样的事实，由于表述所呈现的框架不同，给人们带来的心理上的感受和认知不同，决策判断却也完全不一样。积极建言框架容易唤起愉悦的联想及编码，做出积极认知和判断，反之，消极框架则容易唤起不愉快的联想及编码，进而做出消极认知及选择评价（Levin et al，1998）。

根据JAS系统理论，建言时机对管理者建言采纳有着至关重要的影响，只有那些管理者还未形成初始决策以前的建言行为，才会体现在最终决策中。同时，适宜的时机进行建言，管理者会做出积极认知及响应（Van Dyne，et al，1995）。

建言行为特征要素和管理者建言认知、管理者建言采纳决策及建言者评价的关系的理论推导具体见第三章3.2变量间关系推导。基于理论推导，提出以下假设。

H1　当建言信息中含有问题的解决方案时，管理者（a）越喜欢建言者，（b）越容易认为该建言者对自己有威胁；（c）越容易认为该员工有较高忠诚度，（d）认为建言更有建设性，（e）更倾向于采纳建言，同时（f）给建言者给予更高的评价。

H2　当建言者以积极方式（而不是消极方式）呈现建言时，管理者（a）越喜欢建言者，（b）越容易认为该建言者对自己有威胁；（c）越容易认为该员工有较高忠诚度，（d）认为建言更有建设性，（e）更倾向于采纳建言，同时（f）给建言者给予更高的评价。

H3　当建言者能够较早建言（而不是较晚），管理者（a）越喜欢建言者，（b）越容易认为该建言者对自己有威胁；（c）越容易认为该员工有较高忠诚度，（d）认为建言更有建设性，（e）更倾向于采纳建言，同时（f）给建言者给予更高的评价。

本书的概念模型如图5-1所示。

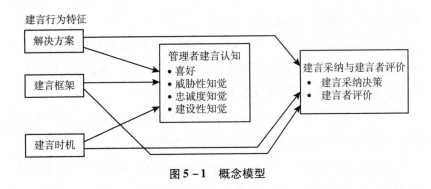

图 5 – 1　概念模型

第二节　验证性因素分析

通过探索性因子得到了各个因子与观测变量之间的相关程度，可以初步得到变量的内在结构特征，为了更好地确定潜变量的结构，本书用正式调查的被试为样本（N = 302），进行了验证性因素分析。

本书运用 Lisrel8. 80 进行验证，结果显示，修正后的 21 个测量题项的因素载荷值在 0. 57 ~ 0. 82，芭芭拉·塔巴史尼克和琳达·菲德尔（Barbara G. Tabachnick & Linda S. Fidell，2007）认为标准化后的因子载荷高于 0. 55 属于良好。吴明隆（2007）也指出因素载荷值一般要求在 0. 50 ~ 0. 95，在社会科学研究中，因素载荷大于或等于 0. 50，即可认为良好。然后对模型进行拟合度评价，常用的检验指标包括 χ^2/df、GFI、AGFI、NFI、NFI、IFI、CFI、RMSEA、PNFI 等。主要要求如下。

一般认为正规卡方值 χ^2/df 小于 2 时，模型拟合较好；卡方自由度比在 2 ~ 5，模型勉强可以接受；如果大于 5 则不能接受（Carmines & McIver，1981）。

适配度指数（goodness of fit index，GFI）越接近 1（一般要求大于 0. 9），表示模型拟合度较高；反之，如果 GFI 越小，模型拟合度越低；调整后的适配度指数（adjusted goodness of git index，AGFI）

也是越接近 1 越好（邱皓政，2012）。

正规拟合指数（normed fit index，NFI）以及增量拟合指数（incremental fit index，IFI）其数值都会介于 0 和 1 之间，一般要求大于 0.9 才表示拟合度较为理想（Hu & Bentler，1999）。

比较拟合指数（comparative fit index，CFI）也是越接近 1 越理想，一般以 0.95 为通用门槛（Bentler，1995）。

残差均方根指数（root mean square residual，RMR）值越小表明模型越能拟合观察值，一般 0.5 为可接受值（Hu & Bentler，1999）。

一般认为近似误差均方根（root mean square error of approximation，RMSEA）小于 0.05 模型拟合较佳；0.05 ~ 0.08，模型拟合良好；0.08 ~ 0.10，模型拟合可以接受；大于 0.1 则不能接受（Browne & Cudeck，1993）。

综合以上分析，本书选择上述 8 个指数作为评价指标，结果如表 5 - 2 所示。可见模型的数据拟合优良，χ^2/df 为 1.34，小于 2；GFI 值为 0.93，大于 0.9；AGFI 值为 0.9，NFI 值为 0.97，大于 0.9；IFI 值为 0.99，大于 0.9；CFI 值为 0.99，大于 0.95；RMSEA 值为 0.034，小于 0.05；RMR 值为 0.047，小于 0.5。

表 5 - 2　　　　　　　　验证性因素分析数据（N = 302）

指标	χ^2/df	GFI	AGFI	NFI	IFI	CFI	RMSEA	RMR
统计值	1.34	0.93	0.9	0.97	0.99	0.99	0.034	0.047
接受标准	<2	>0.9	>0.85	>0.9	>0.9	>0.95	<0.05	<0.5

第三节　人口统计特征对建言认知、建言采纳及建言者评价的影响

为了探究人口统计特征（包括调查对象的性别、年龄、组织类

型）是否会对管理者的建言认知、管理者建言采纳决策及建言者评价存在显著性差异，下面将逐一对上述人口统计特征进行检验。采用方差分析的方法来确定每一人口统计变量在组间是否存在显著性差异，如果组间差异显著，则说明该变量对管理者的建言认知、管理者建言采纳决策与建言者评价有显著影响。

一、性别特征的检验

样本性别特征的描述性统计如表 5 - 3 所示，其中，男性的样本数为 154 人，占样本总量的 51%；女性的样本数为 148 人，占样本总量的 49%。

表 5 - 3　　　　　　　　　样本性别特征的描述性统计

项目	类别	人数	百分比（%）	累计百分比（%）
性别	男性	154	51.0	51.0
	女性	148	49.0	100.0

由样本性别特征的描述性统计表可知，此次调查中，男性和女性人数基本均等。在描述性统计分析的基础上，对于样本的不同性别特征，本书进行了方差分析以确定不同性别的管理者是否对其建言认知、建言采纳决策与建言者评价有显著影响，方差齐性检与方差分析结果分别如表 5 - 4、表 5 - 5 所示。

表 5 - 4　　　　　　　　　基于性别的方差齐性检验

项目	Levene 统计量	df1	df2	显著性
liking	0.346	1	300	0.557
threat	1.945	1	300	0.164
loyalty	1.109	1	300	0.293

续表

项目	Levene 统计量	df1	df2	显著性
constructiveness	2.764	1	300	0.097
acceptance	2.040	1	300	0.154
evaluation	4.985	1	300	0.026

表 5 - 5　　　　　　　　　　基于性别的方差分析结果

项目		平方和	df	均方	F	显著性
liking	组间	0.016	1	0.016	0.031	0.859
	组内	148.393	300	0.495		
	总数	148.409	301			
threat	组间	0.374	1	0.374	0.852	0.357
	组内	131.836	300	0.439		
	总数	132.210	301			
loyalty	组间	0.232	1	0.232	0.770	0.381
	组内	90.451	300	0.302		
	总数	90.683	301			
constructiveness	组间	0.004	1	0.004	0.008	0.929
	组内	161.665	300	0.539		
	总数	161.669	301			
acceptance	组间	0.978	1	0.978	1.966	0.162
	组内	149.228	300	0.497		
	总数	150.206	301			

　　由表 5 - 4 可见，对应的 P 值分别为 0.557、0.164、0.293、0.097、0.154 和 0.026，其中 0.026 小于显著性水平 0.05，因此，建言者评价变量在性别各个水平方差齐性没有得到满足，不能进行方差分析，因此，对建言者评价变量进一步进行了独立样本的非参数检验，结果如表 5 - 6 所示。

　　由表 5 - 5 的方差分析结果可以看出，在 95% 的置信区间内，调查对象不同的性别特征对其建言认知各变量（喜好、威胁性知觉、忠诚度知觉、建设性知觉）及建言采纳决策并没有显著的差异。

表 5 - 6　　　　　　　　　独立样本的非参数检验[a,b]

项目	Evaluation
卡方	1.856
df	1
渐近显著性	0.173

注：a. Kruskal Wallis 检验；b. 分组变量：D1。

由表 5 - 6 的非参数检验结果可以看出，检验结果是概率 p > 显著性水平 0.05，所以 D1 在建言者评价变量上无显著差异，因此，性别对管理者的建言认知、建言采纳决策与建言者评价均没有显著影响。

二、年龄特征的检验

本书调查对象侧重于组织中的基层及以上职位的管理者，因此年龄多集中于 25 ~ 35 岁，样本年龄特征的具体描述性统计如表 5 - 7 所示，其中，25 岁（包括 25 岁）以下的样本数为 49 人，占样本总量的 16.2%；26 ~ 35 岁（包括 35 岁）的样本数为 224 人，占样本总量的 74.2%；36 ~ 45 岁（包括 45 岁）的样本数为 26 人，占样本总量的 8.6%；45 岁以上的样本数为 3 人，占样本总量的 1%。

表 5 - 7　　　　　　　　样本年龄特征的描述性统计

项目	类别	人数	百分比（%）	累计百分比（%）
年龄	25 岁以下	49	16.2	16.2
	26 ~ 35 岁	224	74.2	90.4
	36 ~ 45 岁	26	8.6	99.0
	45 岁以上	3	1.0	100.0

　　由样本年龄特征的描述性统计表可知，此次调查中，样本主要集中在26～35岁，正是个体事业的起步和发展黄金阶段，这个年龄阶段的员工是组织管理的中坚力量，研究这类群体的建言采纳决策及建言者评价行为异常重要。这表明本书样本的选择比较合理。在描述性统计分析的基础上，对于样本的不同年龄特征，本书进行了方差分析以确定不同年龄的管理者是否对其建言认知、建言采纳决策与建言者评价有显著影响，方差齐性检验及方差分析结果见表5-8、表5-9。

表5-8　　　　　　　　　基于年龄的方差齐性检验

项目	Levene 统计量	df1	df2	显著性
liking	1.282	3	298	0.281
threat	3.667	3	298	0.013
loyalty	0.909	3	298	0.437
constructiveness	1.947	3	298	0.122
acceptance	4.381	3	298	0.005
evaluation	2.229	3	298	0.085

表5-9　　　　　　　　　基于年龄的方差分析结果

项目		平方和	df	均方	F	显著性
liking	组间	0.499	3	0.166	0.335	0.800
	组内	147.910	298	0.496		
	总数	148.409	301			
loyalty	组间	0.656	3	0.219	0.724	0.538
	组内	90.027	298	0.302		
	总数	90.683	301			
constructiveness	组间	2.605	3	0.868	1.627	0.183
	组内	159.064	298	0.534		
	总数	161.669	301			

续表

项目		平方和	df	均方	F	显著性
	组间	0.157	3	0.052	0.106	0.956
evaluation	组内	146.424	298	0.491		
	总数	146.581	301			

由表 5 - 8 可见，对应的 P 值分别为 0.281、0.013、0.437、0.122、0.005 和 0.085，其中 0.013、0.005 小于显著性水平 0.05，因此，威胁性知觉变量和建言者评价变量在年龄各个水平方差齐性没有得到满足，不能进行方差分析，因此，对威胁性知觉变量和建言者评价变量进一步进行了独立样本的非参数检验，结果如表 5 - 10 所示。

由表 5 - 9 的方差分析结果可以看出，在 95% 的置信区间内，调查对象不同的年龄特征对其建言认知变量的喜好、忠诚度知觉、建设性知觉、建言者评价并没有显著的差异。

表 5 - 10　　　　　　　　独立样本的非参数检验[a,b]

项目	threat	acceptance
卡方	20.897	0.192
df	3	3
渐近显著性	0.000	0.979

注：a. Kruskal Wallis 检验；b. 分组变量：D2。

由表 5 - 10 的非参数检验结果可以看出，其中 0.979 > 显著性水平 0.05，所以 D2 在管理者建言采纳变量上无显著差异，即样本的年龄特征对其是否采纳建言者的建议没有显著影响；而在威胁性知觉变量上存在显著差异，这说明不同年龄阶段的管理者对建言行为的威胁性认知是有明显差异的。

三、组织类型的检验

样本组织类型特征的描述性统计如表 5 – 11 所示，其中，民企的样本数为 124 人，占样本总量的 41.1%；国企的样本数为 62 人，占样本总量的 20.5%；外企（包括合资）的样本数为 41 人，占样本总量的 13.6%；政府单位的样本数为 12 人，占样本总量的 4%；教育机构的样本数为 36 人，占样本总量的 11.9%；其他的样本数为 27 人，占样本总量的 8.9%。

表 5 – 11　　　　　　　　样本组织类型特征的描述性统计

项目	类别	人数	百分比（%）	累计百分比（%）
	民企	141	46.7	46.7
	国企	62	20.5	67.2
组织类型	外企（包括合资）	51	16.9	84.1
	政府单位	12	4.0	88.1
	教育机构	36	11.9	100.0

由样本组织规模特征的描述性统计表可知，此次调查中，样本主要集中在民营企业，其次为国企、外企（包括合资）。在描述性统计分析的基础上，对于样本的不同组织类型特征，本书进行了方差分析以确定不同组织的管理者是否对其建言认知、建言采纳决策与建言者评价有显著影响，方差齐性检验及方差分析结果见表 5 – 12、表 5 – 13。

表 5 – 12　　　　　　　　基于组织类型的方差齐性检验

项目	Levene 统计量	df1	df2	显著性
liking	0.187	1	300	0.666
threat	1.631	1	300	0.203

项目	Levene 统计量	df1	df2	显著性
loyalty	0.001	1	300	0.973
constructiveness	0.097	1	300	0.756
acceptance	2.131	1	300	0.145
evaluation	0.922	1	300	0.338

表 5 – 13 　　　　基于组织类型的方差分析结果

项目		平方和	df	均方	F	显著性
liking	组间	0.165	1	0.165	0.333	0.564
	组内	148.244	300	0.494		
	总数	148.409	301			
threat	组间	0.001	1	0.001	0.002	0.961
	组内	132.209	300	0.441		
	总数	132.210	301			
loyalty	组间	0.467	1	0.467	1.554	0.214
	组内	90.216	300	0.301		
	总数	90.683	301			
constructiveness	组间	0.464	1	0.464	0.864	0.353
	组内	161.205	300	0.537		
	总数	161.669	301			
acceptance	组间	0.000	1	0.000	0.001	0.980
liking	组间	0.165	1	0.165	0.333	0.564
	组内	148.244	300	0.494		
	组内	150.206	300	0.501		
	总数	150.206	301			
evaluation	组间	0.318	1	0.318	0.653	0.420
	组内	146.262	300	0.488		
	总数	146.581	301			

从表 5 - 12 可见，各观测变量（喜好、威胁性知觉、忠诚度知觉、建设性知觉、采纳、评价）在组织规模变量各水平上方差统计量观测值分别为 0.187、1.631、0.001、0.097、2.131、0.922，自由度均为 1 和 300，对应的 P 值分别为 0.666、0.203、0.973、0.756、0.145、0.338，P 值均大于显著水平 0.05，因此观测变量在各水平方差齐性得到满足。

由表 5 - 13 的方差分析结果可以看出，各观测变量（喜好、威胁性知觉、忠诚度知觉、建设性知觉、建言采纳、建言者评价）的 F 统计量观测值分别为 0.333、0.002、1.554、0.864、0.001、0.653，对应的概率 P 值分别为 0.564、0.961、0.214、0.353、0.980、0.420，均远远大于 0.05，因此，在 95% 的置信区间内，调查对象不同的组织类型特征对其建言认知各变量（喜好、威胁性知觉、忠诚度知觉、建设性知觉）、建言采纳决策、建言者评价并没有显著的差异。

第四节　研　究　结　果

一、描述性统计结果

本书采用的 2（有无解决方案）×2（积极或消极建言框架）×2（较早或较晚建言）完全随机设计，共 8 种情境材料，每种情境下的描述性统计结果，如表 5 - 14 所示。

由表 5 - 14 可以计算得出喜好、威胁性知觉、忠诚度知觉、建设性知觉、建言采纳、建言者评价在有解决方案（无解决方案）、积极建言框架（消极建言框架）、较早建言（较晚建言）时的均值，基于不同水平影响因素的各变量均值如表 5 - 15 所示。

表5-14　八种情境下的描述性统计汇总

SL	FR	TM	N	喜好		威胁性知觉		忠诚度知觉		建设性知觉		建言采纳		建言者评价	
				M	SD	M	SD	M	SD	M	SD	M	SD	M	SD
有解决方案	积极建言框架	较早建言	51	3.44	0.59	2.71	0.76	3.75	0.46	3.65	0.49	3.54	0.58	3.71	0.50
		较晚建言	32	2.84	0.61	2.83	0.70	3.25	0.36	3.15	0.80	2.98	0.63	3.11	0.65
	消极建言框架	较早建言	30	3.34	0.55	2.58	0.59	3.45	0.56	3.58	0.62	3.46	0.66	3.42	0.54
		较晚建言	27	3.03	0.55	2.39	0.57	3.31	0.58	2.82	0.67	2.69	0.65	2.89	0.74
无解决方案	积极建言框架	较早建言	66	3.20	0.68	2.35	0.53	3.53	0.56	2.71	0.49	3.27	0.53	3.25	0.60
		较晚建言	29	2.49	0.62	2.47	0.568	3.59	0.54	2.39	0.43	2.37	0.81	2.59	0.58
	消极建言框架	较早建言	34	3.02	0.79	2.68	0.66	3.51	0.49	2.69	0.61	2.99	0.60	2.79	0.66
		较晚建言	33	3.18	0.77	2.57	0.78	3.60	0.68	2.58	0.68	2.80	0.56	2.79	0.61

注：N 为样本数；M 为均值；SD 为标准差。

表 5 - 15　　　　　　　　基于不同水平影响因素的各变量均值

项目	喜好	威胁性知觉	忠诚度知觉	建设性知觉	建言采纳	建言者评价
	M	M	M	M	M	M
有解决方案	3.1625	2.6275	3.4400	3.3000	3.1675	3.2825
无解决方案	2.9725	2.5175	3.5575	2.5925	2.8575	2.8550
积极建言框架	3.1425	2.5900	3.5300	2.9750	3.0400	3.1650
消极建言框架	2.9925	2.5550	3.4675	2.9175	2.9850	2.9725
较早建言	3.2500	2.5800	3.5600	3.1575	3.3150	3.2925
较晚建言	2.8850	2.5650	3.4375	2.7350	2.7100	2.8450

二、研究结果

以管理者建言认知变量（喜好、威胁性知觉、忠诚度知觉、建设性知觉）、管理者建言采纳及建言者评价变量为因变量，以解决方案、建言框架、建言时机为影响因素运用 SPSS19.0 进行方差分析，研究结果如表 5 - 16 所示。

雅各布·科恩（Jacob Cohen，1973，1988）认为，当用偏 Eta 方（η^2）作方差分析效果大小的检验指标时，当 $\eta^2 = 0.01$ 时属于小的效果；当 $\eta^2 = 0.06$ 时属于中等效果，$\eta^2 = 0.14$ 时属于大的效果。同时，胡竹菁、戴海琦（2011）通过对方差分析统计检验力和效果大小的五种常用方法进行了评估，指出作为衡量"实验处理后各组间平方和在总体平方和中所占比重"的 η^2，用该指标来评价方差分析后效果大小比较容易理解，胡竹菁、戴海琦（2011）建议用指标 $\eta^2 = \dfrac{S_{组间}}{SS_{总体}}$ 来评价方差分析后的效果大小。因此，本书在对方差分析的结果进行分析时，主要用 F 值、p 值及 η^2 来判断检验力。

表 5 - 16　方差分析汇总表

	喜好			威胁性知觉			忠诚度知觉			建设性知觉			建言采纳			建言者评价		
	MS	F	η_p^2	MS	F	η_p^2	MS	F	η_p^2	MS	F	η_p^2	MS	F	η_p^2	MS	F	η_p^2
方案	2.44	5.68*	0.019	0.85	2.01	0.007	0.92	3.23	0.011	34.48	97.77**	0.250	6.55	17.29**	0.056	12.51	33.96**	0.104
框架	1.58	3.68*	0.012	0.09	0.21	0.001	0.24	0.84	0.003	0.20	0.57	0.002	0.25	0.65	0.002	2.56	6.93**	0.023
时机	9.36	21.74**	0.069	0.014	0.03	0.000	1.05	3.67*	0.012	12.39	35.12**	0.107	24.83	65.56**	0.182	13.79	37.43**	0.113

注：①对于解决方案变量，1=无解决方案，2=有解决方案；对于建言框架变量，2=积极建言框架，1=消极建言框架；对于建言时机变量，2=较早建言，1=较晚建言。

②η_p^2=偏 Eta 方。

③*p<0.05；**p<0.01。

由方差分析汇总表可知，建言中含有问题解决方案对管理者对建言者的喜好（$F = 5.68$，$p < 0.05$，$\eta_p^2 = 0.019$）、建设性知觉（$F = 97.77$，$p < 0.01$，$\eta_p^2 = 0.250$）、建言采纳（$F = 17.29$，$p < 0.01$，$\eta_p^2 = 0.056$）及对建言者的评价（$F = 33.96$，$p < 0.01$，$\eta_p^2 = 0.104$）的影响有显著差异。同时，通过观察计算出的基于不同水平影响因素的各变量均值（见表 5 – 15）发现，这几个变量（对建言者的喜好、建设性知觉、建言采纳、对建言者的评价）在有解决方案时的均值（依次为 3.1625、3.3000、3.1675、3.2825）都要比没有解决方案时的均值（依次为 2.9725、2.5925、2.8575、2.8550）要大。然而，建言中含有问题解决方案对管理者的威胁性知觉（$F = 2.01$，$p > 0.05$）、忠诚度知觉（$F = 3.23$，$p > 0.05$）的影响没有显著差异。因此，研究假设 H1a、H1d、H1e、H1f 成立，研究假设 H1b、H1c 不成立；即当建言信息中含有问题的解决方案时，管理者（a）越喜欢建言者，（d）认为建言更有建设性，（e）更倾向于采纳建言，同时（f）给建言者给予更高的评价。

建言信息框架的不同呈现方式（积极建言框架、消极建言框架）对管理者对建言者的喜好（$F = 3.68$，$p < 0.05$，$\eta_p^2 = 0.012$）及对建言者的评价（$F = 6.93$，$p < 0.01$，$\eta_p^2 = 0.023$）的影响有显著差异。同时，通过观察计算出的基于不同水平影响因素的各变量均值（见表 5 – 15）发现，这两个变量（对建言者的喜好、对建言者的评价）在积极建言框架时的均值（依次为 3.1425、3.1650）都要比消极建言框架时的均值（依次为 2.9925、2.9725）要大。然而，建言信息框架对管理者的威胁性知觉（$F = 0.21$，$p > 0.05$）、忠诚度知觉（$F = 0.84$，$p > 0.05$）、建设性知觉（$F = 0.57$，$p > 0.05$）、建言采纳（$F = 0.65$，$p > 0.05$）的影响差异不显著。因此，研究假设 H2a、H2f 成立，研究假设 H2b、H2c、H2d、H2e 不成立。即当建言者以积极方式（而不是消极方式）呈现建言时，管理者（a）越喜欢建言者，同时（f）给建言者给予更高的评价。

在组织中，员工呈现建言行为的时机的不同（较早建言、较晚建言）对管理者对建言者的喜好（$F = 21.74$，$p < 0.01$，$\eta_p^2 = 0.069$）、忠诚度知觉（$F = 3.67$，$p < 0.05$，$\eta_p^2 = 0.012$）、建设性知觉（$F = 35.12$，$p < 0.01$，$\eta_p^2 = 0.107$）、建言采纳（$F = 65.56$，$p < 0.01$，$\eta_p^2 = 0.182$）及对建言者的评价（$F = 37.43$，$p < 0.01$，$\eta_p^2 = 0.113$）的影响有显著差异。同时，通过观察计算出的基于不同水平影响因素的各变量均值（表 5 – 15）发现，这几个变量（对建言者的喜好、忠诚度知觉、建设性知觉、建言采纳、对建言者的评价）在较早建言时的均值（依次为 3.2500、3.5600、3.1575、3.3150、3.2925）都要比较晚建言时的均值（依次为 2.8850、3.4375、2.7350、2.7100、2.8450）要大。然而，员工呈现建言行为时机的不同对管理者的威胁性知觉（$F = 0.003$，$p > 0.05$）的影响差异不显著。因此，研究假设 H3a、H3c、H3d、H3e、H3f 成立，研究假设 H3b 不成立；即当建言者能够较早建言（而不是较晚），管理者（a）越喜欢建言者，（c）越容易认为该员工有较高忠诚度，（d）认为建言更有建设性，（e）更倾向于采纳建言，同时（f）给建言者给予更高的评价。理论模型中所包含的各项假设检验的结果如表 5 – 17 所示。

表 5 – 17　　　　　　多元方差分析的假设验证情况汇总

H1	内容：当建言信息中含有问题的解决方案时，管理者……	验证结果
H1a	越喜欢建言者	是
H1b	越容易认为该建言者对自己有威胁	否
H1c	越容易认为该员工有较高忠诚度	否
H1d	认为建言更有建设性	是
H1e	更倾向于采纳建言	是
H1f	给建言者给予更高的评价	是
H2	内容：当建言者以积极方式（而不是消极方式）呈现建言时，管理者……	

续表

H2a	越喜欢建言者	是
H2b	越容易认为该建言者对自己有威胁	否
H2c	越容易认为该员工有较高忠诚度	否
H2d	认为建言更有建设性	否
H2e	更倾向于采纳建言	否
H2f	给建言者给予更高的评价	是
H3	内容：当建言者能够较早建言（而不是较晚），管理者……	
H3a	越喜欢建言者	是
H3b	越容易认为该建言者对自己有威胁	否
H3c	越容易认为该员工有较高忠诚度	是
H3d	认为建言更有建设性	是
H3e	更倾向于采纳建言	是
H3f	给建言者给予更高的评价	是

第五节　解释与讨论

在上述检验结果的基础上，下面将逐一对人口统计学变量的影响研究和建言行为特征变量的影响研究进行解释和讨论。

一、人口统计学变量的影响研究

本书发现管理者建言认知、管理者建言采纳决策及建言者评价在有些人口统计学变量上有差异，有些没有显著差异。

性别特征对管理者建言认知各变量（喜好、威胁性知觉、忠诚度知觉、建设性知觉）、建言采纳、对建言者的评价均没有显著的差异。

调查对象不同的组织类型特征对其建言认知各变量（喜好、威

胁性知觉、忠诚度知觉、建设性知觉）、建言采纳、对建言者的评价
均没有显著的差异。

调查对象不同的年龄特征对其建言认知变量的喜好、忠诚度知
觉、建设性知觉、建言采纳、对建言者的评价均没有显著的差异，而
不同年龄段的调查对象的威胁性知觉有显著差异。本书把调查对象的
年龄区分为四个阶段：①25 岁（包括 25 岁）；②26 ~ 35 岁（包括 35
岁）；③36 ~ 45 岁（包括 45 岁）；④45 岁以上。由基于年龄的威胁
性知觉描述统计表 5 - 18 可以看出，处于 26 ~ 45 岁的调查对象对员
工建言行为的威胁性知觉相对敏感。这一点可以从职业生涯发展的角
度来解释。

表 5 - 18　　　　　　　　基于年龄的威胁性知觉描述统计

D2	N	极小值	极大值	均值	标准差
1	49	1.00	3.75	2.3061	0.48214
2	224	1.00	4.25	2.5670	0.67919
3	26	2.00	4.00	3.0385	0.58177
4	3	2.00	3.00	2.4167	0.52042

注：第一列中，1 = 25 岁（包括 25 岁）；2 = 26 ~ 35 岁（包括 35 岁）；3 = 36 ~ 45 岁
（包括 45 岁）；4 = 45 岁以上。

职业生涯发展专家休普把人生职业生涯划分为四个阶段：试探阶
段（25 岁以前）、创立阶段（25 ~ 45 岁）、维持阶段（45 ~ 65 岁）
和衰退阶段（65 岁以上）；职业生涯发展研究领域权威人物唐纳德·
舒伯（Donald E. Super）将人生职业生涯发展阶段划分为五个阶段，
即成长阶段（0 ~ 14 岁）、探索阶段（15 ~ 24 岁）、创业阶段（25 ~
44 岁）、维持阶段（45 ~ 64 岁）和衰退阶段（65 岁以上）。这两种
职业生涯发展理论的划分方法都显示了 25 ~ 44 岁的创业阶段是整个
职业生涯的核心部分，这个时期是个体事业的起步和发展黄金阶段，
这个年龄阶段的组织成员是组织管理的中坚力量，他（她）们比较

重视自身的发展，希望能够在特定领域取得成绩，拥有一定的社会地位，渴望获得他人的尊重。因此，在下级向自己建言时，会考虑下级的建言行为会不会影响他人（尤其是上级）对自己的评价，所以相比于其他年龄阶段的调查对象，对建言行为的威胁性知觉相对会敏感些。

然而，本书对威胁性知觉考察的测量题项中，共分5个等级，1代表完全没有威胁，5则表示威胁程度较高，从对威胁性知觉的均值来看（均值都在3以下），调查对象普遍认为下属的建言行为对自己的尊严和地位不会有威胁。

二、建言行为特征变量的影响研究

本书发现建言行为特征对管理者建言认知与建言采纳决策及建言者评价行为有些变量有显著影响，有些变量没有显著影响。

建言中含有问题解决方案对管理者对建言者的喜好及对建言者的评价的影响有显著差异，其中，对建设性知觉（$\eta_p^2 = 0.250$）、建言者评价（$\eta_p^2 = 0.104$）影响效果较大，对建言采纳影响效果中等（$\eta_p^2 = 0.056$）。然而，建言中含有问题解决方案对管理者的威胁性知觉与建设性知觉差异不显著。

建言信息框架对管理者对建言者的喜好及对建言者的评价的影响有显著差异，不过对建言者的喜好（$\eta_p^2 = 0.012$）及对建言者的评价（$\eta_p^2 = 0.023$）影响效果都不太明显，同时，建言信息框架对管理者的威胁性知觉、忠诚度知觉、建设性知觉、建言采纳的影响的差异性不显著。因此，接下来一章对中介效应的检验中将不再考虑中介效应对建言框架与建言者评价、建言采纳的作用。

在组织中，员工呈现建言行为的时机对管理者对建言者的喜好、忠诚度知觉、建设性知觉及对建言者的评价的影响有显著差异，且对喜好（$\eta_p^2 = 0.069$）、建设性知觉（$\eta_p^2 = 0.107$）、建言采纳（$\eta_p^2 =$

0.182）、建言者评价（$\eta_p^2 = 0.113$）影响效果较明显，而对忠诚度知觉（$\eta_p^2 = 0.012$）影响效果不大，同时，员工呈现建言行为的时机对管理者的威胁性知觉的影响的差异性不显著。因此，接下来一章将不把忠诚度知觉作为中介变量来研究。

综合来看，第一，结果显示，大多数调查对象对来自下属的建言的威胁性不敏感，建言行为对管理者的威胁性知觉影响不显著，这和调查对象的分布有直接关系，本次调查46.7%的调查对象都是来自于民营企业，20.5%来自国有企业，外资（包括合资）企业占16.9%。中国的传统国家治理模式，对企业治理模式的形成和影响一直是根深蒂固的，即使我们很多民营企业，尤其是一些家族企业虽然也建立了现代企业管理制度，但仍然避免不了传统国家治理模式的影响。当前民营企业大致有这几类：一是由家庭成员创办的家族企业；二是朋友、熟人等合资而组建的合伙式企业；三是由国有企业转型过来的红顶企业。其共有的特点就是深受传统国家治理模式的影响，权力结构主体单一，等级不可逾越，缺少外部权威监管制度，因此，组织中只有从上至下或从下至上的链式沟通，建言接受者不担心其上级会听到下属员工的建议和意见，且下属员工对建言接受者的考评几乎无任何话语权。因而，在大多数调查对象看来，来自下级的建言对自己的考核或者上级的评价不会有太大影响。因此，下一章将不把威胁性知觉作为中介变量来研究。

第二，建言信息框架对管理者建言认知及建言采纳的影响不显著，即使本书的调查对象识别出了情境材料中积极建言框架与消极建言框架的差别，可能这些因素相对于其他因素（如解决方案、建言时机等），对他（她）们建言采纳行为的影响力比较微弱。

值得注意的是，本书的这一结论和前人的一些研究结论（Tversky & Kahneman，1981；Kahneman & Tversky，1982；Galinsky & Mussweiler，2001）不太一致，以前的研究认为特征框架会影响信息的编码和表达，积极特征容易唤起愉悦的联想编码，易于做出积极评价和判断，而消极的特征框架多带来令人不悦的联想编码，易于做出消极判断，即产生了效价转移，而本书发现不同建言框架对管理者建言认知及建言采纳的影响差异性不显著。

不同建言信息框架对管理者建言采纳决策的影响差异性不大可以用传播理论中贾尼斯和费什巴赫的"诉诸恐怖"思想来解释，他们发现消极信息框架引起的恐惧感如果越强，它会引起说服对象更多的注意和理解，接受传播建议的动机也会增加，同时高度的恐惧感反而会引起接受对象的抵抗或曲解，即消极信息框架呈现的是一条如图 5 - 2 所示的倒 U 型曲线，因此引起接受者中等恐惧的信息将更容易被接受，而或高或低的恐惧程度都不太容易引起被接受者的注意，在本书中，通过比较积极信息框架与消极信息框架下管理者建言采纳的均值（分别为 3.04 与 2.99）可以发现差别不大，这可能是跟情境材料中消极信息框架的设置有关，调查对象作为冷静的观察者，卷入程度有限，因此没能产生"诉诸恐怖"的效应。

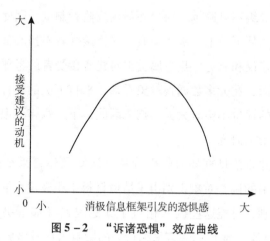

图 5 - 2 "诉诸恐惧"效应曲线

资料来源：Severin W J, Tankard J W. Communication theories: Origins, methods, and uses in the mass media [M]. Longman: 2010.

不同建言信息框架对管理者建言认知及建言采纳决策的影响不显著，一个主要的原因可能是前人的大多数研究（Tversky & Kahneman，1981；Kahneman & Tversky，1982；Dunegan，1993；Galinsky & Mussweiler，2001；Liberman et al，2005），都是在相对独立的情境中对框架效应进行检验的，即是把信息框架作为唯一变量来检验的，没有操纵其他变量（比如建言中有没有问题的解决方案，建言时机的早晚等等）。因而，本书结果显示建言信息框架对管理者建言认知及采纳决策的影响不显著，主要是因为在这些影响力更大的变量（解决方案、建言时机）的作用下，建言框架的效用被淹没了。

　　本章主要考察了建言行为特征变量即建言信息中有无解决方案、以积极方式还是消极方式呈现建言、建言时机的早晚对管理者建言认知、管理者建言采纳决策及对建言者评价的影响。首先，介绍了研究目的、研究方法，并构建出本章的研究模型，提出了相应的研究假设。接下来进行了验证性因素分析对建言认知、建言采纳及建言者评价的因素结构进行了分析，各拟合度指标表明本书所构建模型的数据拟合优良。其次，运用SPSS19.0进行方差分析检验了人口统计特征对管理者建言认知、建言采纳决策及建言者评价的影响，发现性别特征、调查对象不同的组织类型特征对管理者建言认知各变量（喜好、威胁性知觉、忠诚度知觉、建设性知觉）、管理者建言采纳、对建言者的评价均没有显著的差异。不同的年龄特征对管理者建言认知变量中的喜好、忠诚度知觉、建设性知觉、建言采纳、对建言者的评价均没有显著的差异，而不同年龄段的调查对象的威胁性知觉有显著差异。然后，通过方差分析研究了建言行为特征对管理者建言认知、建言采纳决策及建言者评价的影响，对研究假设进行了验证。最后，对人口统计学变量的影响研究及建言行为特征变量的影响研究的结果进行了解释。

第六章

管理者建言认知对建言行为特征与建言采纳、建言者评价的中介效应研究

第一节　研究目的与研究假设

一、研究目的

托尔曼提出的 S－C－R 这一典型的信息加工阶段中，刺激、认知与反应三个阶段是相对独立的，认知阶段是通过人的大脑加工完成的，认知本身也涉及一个完整的决策过程。个体大部分行为都是目标导向的，用伯恩哈德·霍梅尔（Bernhard Hommel，2009）的话来说，人的行为是"前摄式"的，个体是因为想要得到相应的结果才会去行动。因此，员工是否表现出（更多的）建言行为，一方面会去权衡建言行为（自己先前的建言行为或者是观察别人的建言行为）有没有得到管理者的认可与采纳，建言者得到什么样的评价；另一方面，还需要去思考如何进行建言才能够被重视，即管理者建言采纳决策及建言者评价行为的影响机制是什么。因此，为了激发员工在组织

中能够表现出更多有效的建言行为，对管理者建言行为采纳决策及建言者评价过程中的"C"这一黑匣子的研究非常重要，为此，本章主要考察管理者建言认知变量（喜好、建设性知觉）对建言行为特征变量（解决方案、建言时机）与管理者建言采纳决策及对建言者评价的中介效应。

二、研究假设

在组织管理中，管理者接收到员工建言后，会对这些信息资料进行一番主观的选择处理和信息加工，然后形成整体的认知——建言认知。第五章方差分析结果发现建言中包不包含所建言问题的解决方案对忠诚度知觉影响的差异性不明显，建言时机的早晚对忠诚度知觉影响的差异性虽然比较显著，但是影响效果不太大；而解决方案、建言框架、建言时机对威胁性知觉的影响的差异性都不明显，因此，本章将选择喜好、与建设性知觉两个建言认知变量来研究。

依据第三章的理论推演本章提出以下研究假设。

H4　（a）解决方案，（b）建言时机对管理者建言采纳决策的影响通过管理者对建言者的喜好起作用。

H5　（a）解决方案，（b）建言时机对建言者的评价通过管理者对建言者的喜好起作用。

H6　（a）解决方案，（b）建言时机对管理者建言采纳决策的影响通过管理者对建言者的建设性知觉起作用。

H7　（a）解决方案，（b）建言时机对建言者的评价通过管理者对建言者的建设性知觉起作用。

实证模型如图6-1所示。

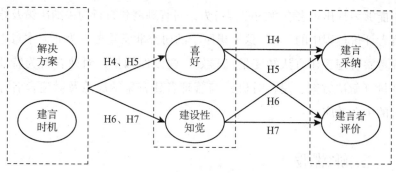

图 6 – 1　实证模型

第二节　研究方法

本书仍然采用第五章中的调研数据来进行研究。在不同情境下进行调研时，仍然是先让调查对象对解决方案、建言时机的不同进行判断：①张华提供了如何解决他所提出问题的具体方案；②张华提出建议时，距离产品发布还有足够多的时间。用五点李克特量表来测量（5 为完全同意；4 为同意；3 为不确定；2 为不同意；1 为完全不同意），结果可见较"好"情境条件下——有解决方案、较早建言时平均分值也较高，分别为3. 52、3. 38；较"差"情境条件下——无解决方案、较晚建言时平均分值也较低，分别为2. 79、2. 76。因此，调查对象对情境材料中解决方案、建言陈述框架、建言时机的认知和情境材料本身所预设的情形是一致的，这说明用不同情境材料对解决方案、建言时机进行描述的研究设计是可行的。

对管理者建言认知对建言行为特征与管理者建言采纳决策、建言者评价的中介效应检验选择结构方程模型，以偏最小二乘法，运用SmartPLS（Ringle et al，2005）来完成。

本书采用 PLS 路径建模方法的主要是出于以下几点考虑。

第一，出于实际研究目的的考虑。本书以管理者建言采纳决策及建言者评价作为最终指向变量，研究建言行为特征（解决方案、建言时机）、管理者对建言行为的认知（喜好、建设性知觉）、对管理者建言采纳决策及建言者评价的影响机制，通过 PLS 路径建模不仅能够得到各潜变量的最优预测，而且可以很好地反映出潜变量与观测变量之间、潜变量与潜变量之间的关系。

第二，出于变量的考虑，本书涉及的两个自变量解决方案、建言时机都是属于分类变量，PLS 路径建模对数据具有更强的包容性。米歇尔·特恩豪斯、艾曼纽·梅杰和克莉丝汀·伊诺特（Michel Tenenhaus, Emmanuelle Mauger & Christiane Guinot, 2010）指出当观测指标为数值型时，推荐用最大似然估计（maximum likelihood estimation, ML），而当观测指标为二元变量时用最小二乘法更好一些，可以规避多峰性对 ML 的影响。因此，本书适用 PLS。

第三，鲍德温·胡伊和赫尔曼·沃尔德（Baldwin S. Hui & Herman Wold, 1982）指出当样本达到 150～200 时，PLS 可以顺利检测，且当样本越大，绝对误差率越低，可以获得越稳健的结果（邱皓政，2011），本书的样本量为 302，对 PLS 建模来说是适用的，约瑟夫·海尔、马尔科·扎尔施泰特、克里斯汀·林格尔和珍妮特·曼娜（Joseph F. Hair, Marko Sarstedt, Christian M. Ringle & Jannette A. Mena, 2013）指出对于 250 以上的样本，CB – SEM 和 PLS – SEM 的结果非常相似。

第四，奥利弗·戈茨等学者（Oliver Gotz et al, 2010）指出 PLS 适用于理论的构建，同时，根据约瑟夫·海尔等（2013）通过对 Lisrel 和 PLS 的对比，给出的 SEM 方法选择流程，根据该选择流程，本书对管理者建言行为采纳决策与建言者评价机制的研究尚属于理论模型的探测构建阶段，适用 PLS。

第三节　研究结果

一、多重共线性检验

根据 PLS 路径模型的要求，首先应检验其多重共线性。统计上可以证明，解释变量 X_i 的参数估计式 $\hat{\beta}_j$ 的方差可以表示为 $Var(\hat{\beta}_j) =$

$\dfrac{\sigma^2}{\sum x_j^2} \cdot \dfrac{1}{1 - R_j^2} \cdot VIF_j$，其中的 VIF_j 是变量 X_j 的方差扩大因子，即

$VIF_j = \dfrac{1}{(1 - R_j^2)}$，其中，$R_j^2$ 是多个解释变量辅助回归的可决系数。这

里用 VIF 来表示由于共线性导致的标准误差增加的程度，VIF 越大，解释变量间的多重共线性越严重，一般认为，方差扩大因子 VIF 越接近于 1，多重共线性越弱，VIF 小于 5 可以通过共线性检验。通过运用 SPSS19.0 进行多元线性回归分析，分别评估以下三组关系的多重共线性：①把解决方案，建言时机作为喜好/建设性知觉/建言采纳/建言者评价的预测指标；②把喜好、建设性知觉作为建言采纳/建言者评价的预测指标；③把解决方案、建言时机、喜好、建设性知觉作为建言采纳/建言者评价的预测指标。多重线性评估结果如表 6 - 1 所示，由表中数据可知 VIF 均小于 5，能够较好的满足 PLS - SEM 的要求。

表 6 - 1　　　　　　　　　　多重共线性评估结果

第一组		第二组		第三组	
变量	*VIF*	喜好	1. 207	喜好	1. 253
解决方案	1. 002	建设性知觉	1. 207	建设性知觉	1. 704
建言时机	1. 002			解决方案	1. 400
				建言时机	1. 139

二、测量模型评价

PLS - SEM 路径模型的检验需要分别进行测量模型评价检验及结构模型效度评估（Albers，2010；Helm，2010；Henseler，2009）。

测量模型评价结果如表 6 - 2 所示，克朗巴哈系数均大于 0.7，

所有的因子载荷都大于 0.66，表明潜变量的结构良好。

表 6-2　　　　　　　　　测量模型评价结果汇总

潜变量	观测变量	载荷	M	SD	CR	AVE	Cronbachs α	区别效度
liking	LK1	0.8138						
	LK2	0.8199	3.11	0.89	0.88	0.65	0.82	YES
	LK3	0.7932						
	LK4	0.7853						
constructiveness	CP1	0.8303						
	CP2	0.8566	2.96	0.88	0.87	0.69	0.77	YES
	CP3	0.7975						
acceptance	AC1	0.6607						
	AC2	0.904	3.09	0.71	0.89	0.67	0.84	YES
	AC3	0.8778						
evaluation	EV1	0.8237						
	EV2	0.7892	3.13	0.71	0.86	0.67	0.76	YES
	EV3	0.8125						
	EV4	0.8581						

注：YES 表示区分效度较好。

合成信度分别为 0.88、0.87、0.89、0.86，均超过 0.6 的可接受标准（Bagozzi，Yi，1988）。

平均变异萃取量（average variance extracted，AVE）是计算潜在变项各测量项的变异解释力，若 AVE 越高，则表示潜在变项有越高的信度与收敛效度。科罗斯·费耐尔和弗雷德·布克斯坦（Claes fornell & Fred L. Bookstein，1982），唐纳德·巴克利、罗恩·汤普森和希金斯（Donald W. Barclay，Ron Thompson & C. Higgins，1995）建议其标准值需大于 0.5，即由构面的可解释变异大于测量误差（Gotz，

Liehr – Gobbers & Krafft，2010）。从表 6 – 2 中数据发现 AVE 值分别为 0.65、0.69、0.67、0.67，均大于 0.5，说明指标具有较高的聚合效度。

区别效度表明一个潜变量解释观测变量的能力比任何其他潜变量都强，可以采用 Fornell – Larcker 标准（即比较 AVE 的平方根和各个潜变量之间的相关系数的大小），也可以采用约瑟夫·海尔等（2012）提出的比较交叉负荷系数的方法。区别效度系数如表 6 – 3 所示，可见区别效度较好；测量模型各指标的交叉负荷如表 6 – 4 所示，可见每个观测变量在其构念上的载荷均比它与其他构念的交叉载荷要高。

表 6 – 3 区别效度系数

项目	方案	时机	喜好	建设性	评价	采纳
解决方案	—					
建言时机	0	—				
喜好	0.07	0.14	(0.80)			
建设性知觉	0.35	0.20	0	(0.83)		
建言者评价	0.02	0.08	0.25	0.35	(0.82)	
建言采纳	– 0.02	0.17	0.28	0.48	0.00	(0.82)

注：对角线上的值为 AVE 的平方根，非对角线为相关系数。

表 6 – 4 交叉负荷

项目	喜好	建设性知觉	建言者评价	建言采纳
AC1	0.3174	0.3128	0.4209	0.6607
AC2	0.4484	0.5869	0.6896	0.904
AC3	0.4044	0.5749	0.6896	0.8778
CP1	0.3953	0.8303	0.5454	0.5248
CP2	0.4142	0.8566	0.6278	0.6049

项目	喜好	建设性知觉	建言者评价	建言采纳
CP3	0.2364	0.7975	0.3952	0.3909
EV1	0.3441	0.5745	0.8237	0.6772
EV2	0.5389	0.4854	0.7892	0.5643
EV3	0.3808	0.4634	0.8125	0.5905
EV4	0.3823	0.5687	0.8581	0.6251
LK1	0.8138	0.4215	0.4713	0.4433
LK2	0.8199	0.2375	0.3998	0.3511
LK3	0.7932	0.4015	0.4044	0.3933
LK4	0.7853	0.2828	0.3136	0.3335

由以上分析可知，所有评价标准均得到满足，这说明测量具有较高的信度和效度。

三、结构模型效度评估

爱德华·格登（Edward Rigdon，2012）通过对基于协方差的结构方程（covariance-based SEM，CB－SEM）和基于偏最小二乘法的SEM 的对比分析，指出与 CB－SEM 不同，卡方统计值以及各种拟合指数对于 PLS－SEM 都不适用，PLS－SEM 的结构模型评价主要看其预测能力——预测内生变量/构念的能力，对于 PLS 结构模型效度的评估，米歇尔·特恩豪斯、阿玛托和文森佐·埃斯波西托·维齐（Michel Tenenhaus，S. Amato ＆Vincenzo Esposito Vinzi，2004）；米歇尔·特恩豪斯、文森佐·埃斯波西托·维齐、查特林和劳罗（Michel Tenenhaus，Vincenzo Esposito Vinzi，Chatelin & Lauro，2005）曾提出一个 PLS 拟合指数（goodness-of-fit index，GoF）来从整体上验证 PLS 模型，然而，乔治·汉赛勒、克里斯汀·林格尔和马尔科·扎尔施泰特（Jorg Henseler，Christian M. Ringle & Marko Sarstedt，2012）从理论和实证的角度对该指标提出了质疑。

因此，本书采用约瑟夫·海尔等（2013）所建议的一些指标来对 PLS 结构模型进行评价，主要指标、要求及检验结果如下。

（1）计算方差扩大因子 VIF 来检验共线性（VIF < 5 可以通过共线性检验），由前面计算可知 VIF 均小于 5，能够较好地满足 PLS - SEM 的要求。

（2）bootstrapping 运算评价路径系数，双尾检验临界值 1.96（显著性水平 = 0.05）。

由表 6 - 5 可见，除了解决方案→建言者评价，解决方案→建言采纳外，结构模型中其他变量间的关系都比较紧密：建言时机的把握会显著影响管理者的喜好、建设性知觉、建言者评价及管理者的建言采纳行为；建言时能够提供解决方案会显著影响管理者的喜好及建设性知觉；对于管理者的建言采纳及建言者评价行为则跟对建言者的喜好、建设性知觉密切相关。而解决方案→建言者评价（路径系数为 0.0338，t = 0.6946），解决方案→建言采纳（路径系数为 - 0.0322，t = 0.6401）的直接影响比较小。

表 6 - 5　　　　　　　　　　路径系数及 t 值

项目	路径系数	T Statistics	显著性水平
喜好→建言者评价	0.258	4.8001	***
喜好→建言采纳	0.2177	4.8197	***
建设性知觉→建言者评价	0.4755	9.1321	***
建设性知觉→建言采纳	0.4821	9.2043	***
解决方案→喜好	0.1331	2.4444	*
解决方案→建设性知觉	0.4967	11.2041	***
建言时机→喜好	0.2615	4.6952	***
建言时机→建设性知觉	0.2769	5.6911	***
解决方案→建言者评价	0.0338	0.6946	—

项目	路径系数	T Statistics	显著性水平
解决方案→建言采纳	−0.0322	0.6401	—
建言时机→建言者评价	0.1443	3.2111	**
建言时机→建言采纳	0.233	5.159	***

注：* $p < 0.05$；** $p < 0.01$；*** $p < 0.001$。

（3）内生潜变量的 R^2 值，一般来说，决定系数 R^2 越高越好，约瑟夫·海尔、克里斯汀·林格尔和马尔科·扎尔施泰特（Hair, Ringle & Sarstedt, 2011），乔治·汉赛勒、克里斯汀·林格尔和马尔科·扎尔施泰特（2009）认为 $R^2 > 0.67$ 解释能力较好，$R^2 = 0.3$ 解释能力左右表示中度解释能力，$R^2 = 0.19$ 表示解释能力较弱。

从表 6-6 中数据可以看出：①喜好的 R^2 值小于 0.19，表示建言行为特征变量和喜好的相关不是很密切（这可以从下面中介效应的验证中得到解释）；②而建设性知觉、建言采纳及建言者评价的 R^2 值均大于 0.3，尤其是建言采纳和建言者评价的达到了 0.5 左右，均有一定的解释力。

表 6-6　　　　　　　　所有内生潜变量的 R^2 及 Q^2 值

项目	R Square	Q^2
喜好	0.0834	0.0536
建设性知觉	0.3126	0.2185
建言者评价	0.4911	0.3273
建言采纳	0.4922	0.3220

（4）通过 blindfolding 运算进行每个内生构念的交互冗余检验，Q^2 值大于 0 表示外生构念可以预测内生变量。

从表 6-7 中数据可以看出所有内生潜变量的 Q^2 均大于 0，表示该路径模型对表中各内生潜变量都有很好的预测性。

表6-7　　　　　　　　模型中所有关系的 f^2 和 q^2 值汇总

		解决方案	建言时机	喜好	建设性知觉
喜好	Path Coefficients	0.13	0.26		
	f^2	0.02	0.07		
	q^2	0.012	0.05		
建设性知觉	Path Coefficients	0.50	0.28		
	f^2	0.36	0.11	-0.0001	
	q^2	0.22	0.07		
建言采纳	Path Coefficients	-0.03	0.23		
	f^2	-0.004	0.09	0.07	0.27
	q^2	-0.003	0.04	0.34	0.14
建言者评价	Path Coefficients	0.03	0.14		
	f^2	-0.01	0.04	0.1	0.26
	q^2	-0.01	0.02	0.05	0.13

注：第一列为目标内生潜变量，第一行为它们所对应的前因变量。

（5）效应量 f^2，评价外生变量对内生变量的影响力（Cohen，1988），通常，$f^2 = 0.02$ 影响力较弱，$f^2 = 0.15$ 中等，$f^2 = 0.35$ 较强。

（6）外生构念对内生构念的预测关联指标 q^2，$q^2 = 0.02$ 预测性较弱，$q^2 = 0.15$ 中等，$q^2 = 0.35$ 较强。

模型中所有关系的 f^2 和 q^2 值汇总如表6-7所示，第一列为目标内生潜变量，第一行为它们所对应的前因变量，比如，方案到喜好的路径系数为0.13，$f^2(q^2)$ 效应值为0.02（0.012），其他以此类推。从表6-7数据可见，解决方案对建设性知觉的影响力和预测性都比较好；建言时机对喜好、建设性知觉、建言采纳、建言者评价的影响力和预测性都比较好；喜好对建言采纳、建言者评价的影响力和预测性都比较好；建设性知觉对建言采纳和建言者评价的影响力和预测性都比较好。而解决方案对喜好、建言者评价及建言采纳影响力和预测性都非常弱，解决方案对建言采纳、建言者评价的影响均是通过显著的中介变量（喜好、建设性知觉均起到显著中介作用，具体见下面6.3.4中介效应的检验）来完成的。

四、中介效应检验

对本书中介作用的检验，遵循约瑟夫·海尔等（2012）对 PLS – SEM 中介效应检验的步骤来进行，如图 6 – 2 所示。

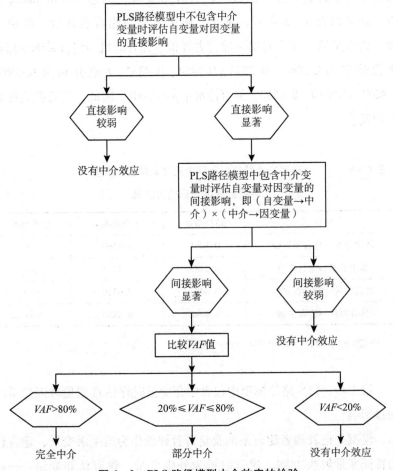

图 6 – 2　PLS 路径模型中介效应的检验

注：*VAF* = 间接影响/总影响。

资料来源：Joseph F. Hair Jr, G. Tomas M. Hult, Christian M. Ringle, Marko Sarstedt. A primer on partial least squares structural equation modeling（PLS – SEM）[M]. LA：SAGE, 2012, 04.

下面将按图6-2的流程来验证本书的相关假设。

在验证过程中，估计了两个PLS路径模型。

第一步，PLS路径模型中不包含中介变量时评估自变量对因变量的直接影响。

模型1把管理者建言采纳及建言者评价作为内生潜变量，建言行为特征变量解决方案、建言时机为外生变量，通过bootstrapping运算，结果如表6-8所示。可见，解决方案→建言者评价、解决方案→建言采纳、建言时机→建言者评价、建言时机→建言采纳的路径系数分别为0.3061、0.2383、0.3454、0.4232，t值分别为6.0369、4.4267、7.0310、8.8550，显著性水平$p < 0.001$。因此，所有的直接影响均显著。

表6-8　　　　　建言行为特征对管理者建言采纳及建言者
评价的影响指标检验结果

项目	路径系数	T Statistics	显著水平
解决方案→建言者评价	0.3061	6.0369	***
解决方案→建言采纳	0.2383	4.4267	***
建言时机→建言者评价	0.3454	7.0310	***
建言时机→建言采纳	0.4232	8.8550	***

注：$*p < 0.05$；$**p < 0.01$；$***p < 0.001$。

第二步，PLS路径模型中包含中介变量时评估自变量对因变量的间接影响。

模型2把管理者建言采纳及建言者评价作为内生潜变量，建言行为特征变量解决方案、建言时机为外生变量，建言认知变量——喜好、建设性知觉作为中介变量，结果如表6-9所示。此处分别运用两种方法来检验间接影响的显著性：①通过bootstrapping运算，求间接影响、间接影响的标准差、t值（Hair et al, 2012）；②通过PLS-

SEM 中的计算公式 $z = \dfrac{a \times b}{\sqrt{b^2 \times S_a^2 + a^2 \times S_b^2 + S_a^2 \times S_b^2}}$ 求 *sobel* 值（Sobel，
1982；Shahriar Akter et al，2011），由表 6 – 9 数据可见 t 全部大于
1.96，z 统计值全部大于 1.96，可见，所有的间接影响均显著。

表 6 – 9　　　　　　　　模型 2 变量间间接影响检验结果

影响路径及影响系数		t	显著性水平	Z	VAF（%）
路径 a	路径 b				
解决方案→喜好	喜好→建言者评价	3.70	***	2.13	50.40
0.1331	0.2580				
解决方案→喜好	喜好→建言采纳	8.60	***	2.13	– 898.72
0.1331	0.2177				
解决方案→建设性知觉	建设性知觉→建言者评价	7.86	***	6.91	87.48
0.4967	0.4755				
解决方案→建设性知觉	建设性知觉→建言采纳	82.18	***	7.00	115.54
0.4967	0.4821				
建言时机→喜好	喜好→建言者评价	1.98	*	3.37	31.86
0.2615	0.2580				
建言时机→喜好	喜好→建言采纳	2.30	*	3.37	20.00
0.2615	0.2177				
建言时机→建设性知觉	建设性知觉→建言者评价	7.89	***	4.80	47.71
0.2769	0.4755				
建言时机→建设性知觉	建设性知觉→建言采纳	123.04	***	4.83	36.42
0.2769	0.4821				

注：$z = \dfrac{a \times b}{\sqrt{b^2 \times S_a^2 + a^2 \times S_b^2 + S_a^2 \times S_b^2}}$。 $*p < 0.05$；$**p < 0.01$；$***p < 0.001$。

间接影响显著意味着：①喜好在解决方案和建言者评价间起到中
介作用；②建设性知觉在解决方案和建言者评价间起到中介作用；
③建设性知觉在解决方案和建言采纳间起到中介作用；④喜好在解决

方案和建言采纳间起到中介作用；⑤建设性知觉在建言时机和建言采纳间起到中介作用；⑥喜好在建言时机和建言采纳间起到中介作用；⑦建设性知觉在建言时机和建言者评价间起到中介作用；⑧喜好在建言时机和建言者评价间起到中介作用。

第三步，通过比较 VAF 值判断①～⑧所述中介效应的大小，并从统计意义上判断中介效应是否存在。

与模型 1 相比，模型 2 中由于加入了中介变量，自变量对结果变量的影响作用变得小了（见表 6-10 模型 2 自变量与结果变量的直接影响），可见，解决方案→建言者评价、解决方案→建言采纳、建言时机→建言者评价、建言时机→建言采纳的路径系数分别由模型 1 中的 0.3061、0.2383、0.3454、0.4232 变成了模型 2 中的 0.0338、-0.0322、0.1443、0.2330，中介变量吸收的直接影响的程度可以用 $VAF=$ 间接影响/总影响的比值大小来判断，Joseph 等（2012）和 Pingle（2012）指出：① $VAF>80\%$ 表明直接影响可以忽略不计，属完全中介效应；② $20\% \leqslant VAF \leqslant 80\%$ 属部分中介；③ $VAF<20\%$ 中介效应很小，统计意义上记为无中介效应；有时候由于抑制器的作用，VAF 可能为负值或者大于 1，这时代表完全中介。

表 6-10　　　　　　　　　模型 2 直接影响检验结果

项目	路径系数	Standard Error	T Statistics	显著性
喜好→建言者评价	0.2580	0.0531	4.8617	***
喜好→建言采纳	0.2177	0.0446	4.8751	***
建设性知觉→建言者评价	0.4755	0.0534	8.9092	***
建设性知觉→建言采纳	0.4821	0.0529	9.1091	***
解决方案→喜好	0.1331	0.0549	2.4255	*
解决方案→建设性知觉	0.4967	0.0451	11.0099	***
建言时机→喜好	0.2615	0.0548	4.7753	***
建言时机→建设性知觉	0.2769	0.0483	5.7290	***

续表

项目	路径系数	Standard Error	T Statistics	显著性
解决方案→建言者评价	0.0338	0.0488	0.6928	—
解决方案→建言采纳	−0.0322	0.0497	0.6493	—
建言时机→建言者评价	0.1443	0.0455	3.1708	**
建言时机→建言采纳	0.2330	0.0460	5.0682	***

注：$*p<0.05$；$**p<0.01$；$***p<0.001$。

VAF 的结果见表 6 - 9，因此，①解决方案对建言者评价的影响有 50.4% 通过喜好起作用，喜好起到部分中介作用；②解决方案对建言者评价的影响有 87.48% 通过建设性知觉起作用，属完全中介效应；③解决方案对建言采纳的影响归功于喜好的完全中介效应（VAF =115.54）；④建言时机对建言者评价的影响有 31.86% 通过喜好起作用，属部分中介；⑤建言时机对建言采纳的影响有 20.00% 通过喜好起作用，属部分中介作用；⑥建言时机对建言者评价的影响有 47.71% 通过建设性知觉起作用，属部分中介；⑦建言时机对建言采纳的影响有 36.42% 通过建设性知觉起作用，属部分中介。而解决方案与建言采纳之间的影响由于喜好这一因素的加入，由原来的 0.0283 变成了 −0.0322，Rosenberg（1968）和邱皓政等（2012）把这类变量称为逆转变量，不把它看作中介变量。因此，H4b、H5a、H5b、H6a、H6b、H7a、H7b 均成立，H4a 不成立。即 H4（b）建言时机对管理者建言采纳的影响通过管理者对建言者的喜好起作用；H5（a）解决方案，H5（b）建言时机对建言者的评价通过管理者对建言者的喜好起作用；H6（a）解决方案，H6（b）建言时机对管理者建言采纳的影响通过管理者对建言者的建设性知觉起作用；H7（a）解决方案，H7（b）建言时机对建言者的评价通过管理者对建言者的建设性知觉起作用。

第四节 结论与讨论

一、结论

管理者的建言认知在建言行为特征与管理者建言采纳、建言者评价间起到了中介作用。本书参照遵循约瑟夫·海尔等（2012）对PLS – SEM 中介效应检验的步骤对假设进行了验证，结果表明：①建言时机对管理者建言采纳决策的影响通过管理者对建言者的喜好起作用；②解决方案，建言时机对建言者的评价通过管理者对建言者的喜好起作用；③解决方案，建言时机对管理者建言采纳决策的影响通过管理者对建言者的建设性知觉起作用；④解决方案，建言时机对建言者的评价通过管理者对建言者的建设性知觉起作用。其中，建设性知觉在解决方案与管理者建言采纳决策间起了完全中介作用；建设性知觉在解决方案与建言者评价间起到了完全中介作用。

二、讨论

（一）关于主要结论的进一步讨论分析

下面将结合喜好、建设性知觉、建言者评价及管理者建言采纳的IPMA（importance performance matrix analysis）（Fornell et al，1996；Kristensen et al，2000；Hock et al，2010；Rigdon et al，2011）矩阵图（见图 6 – 3）对本书的主要结论进行讨论分析。

如图 6 – 3 所示，横轴表示结构模型的总体效应，纵轴表示潜变量的均值，显示了潜变量的提升空间。从图中可以非常清晰的识别出那些相对比较重要而均值又较低的潜变量，这些变量是后续管理实践中需要重点解决的问题。其中，图 a 为喜好的 IPMA 图，从图中可以看出解决方案和建言时机两个外生变量中建言时机的总体效应要大，均值两者相差不大。因此，建言者要想增加管理者对自己的喜好程度，把握合适的建言时机比制定出完善的方案更为重要。图 b 则为建设性知觉的 IPMA 图，从图中可以看出解决方案和建言时机两个外生变量中解决方案的总体效应要大，均值两者相差不大。因此，建言者要想增加管理者对建言行为的建设性认知，则找出问题的解决方案以后再发表意见更为合适。图 c 和图 d 分别为建言者评价与管理者建言采纳决策的 IPMA 图，从图中可以看出四个影响因素中，建设性知觉的总体效应最大，而在解决方案和建言时机两个建言者可以控制的外生变量中建言时机的总体效应要大，均值两者相差不大。因此，建言者要想增加管理者对自己的好评，增强管理者建言采纳的倾向性，把握合适的建言时机比制定出完善的方案更为重要。

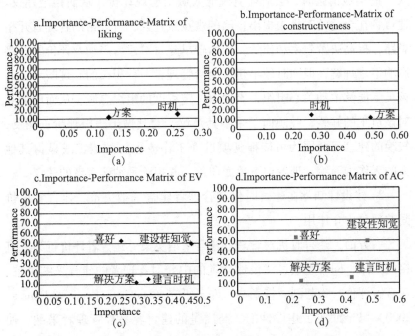

图 6-3　喜好、建设性知觉、建言者评价及建言采纳的 IPMA 矩阵

（二）中介效应的讨论

首先解释部分中介作用，再解释完全中介作用。

1. 喜好在建言时机和管理者建言采纳决策、建言者评价间的部分中介作用

一方面，建言对管理者建言采纳决策、建言者评价有直接的作用；另一方面也通过喜好的中介对管理者的建言采纳决策及建言者评价起到间接影响。管理者建言采纳决策本身作为一种有限理性决策，管理者本身的情绪状态，尤其是对建言者的情绪对其决策有很大影响，这一点可以在决策领域中众多情绪与决策的研究（Sniezek & Van Swol，2001；Gina & Schweitzer，2008；钟建安，2009）得到解释，因此，当管理者对建言者怀有喜欢这类积极情绪时，这种愉悦的主观体验，可以促使管理者去乐观的评价环境及他人，从而高估建言质量，促进建言采纳行为的发生；相反，当管理者对建言者持"不喜欢"的消极情绪时，会对环境或他人做出悲观评价，从而拒绝建议。建言者在合适的时机去提出自己的观点或建议，可以帮助管理者开拓思路，提高决策效率和质量，因而较早建言对建言采纳及评价的直接影响不难理解，但同时较早建言会给管理者一种积极的心理暗示，即该员工能够主动关心组织，表现出一定程度的组织忠诚，从而增加其对该员工的好感，并倾向于采纳其建议，对其做出积极评价；相反，较晚的建言只会因为可能拖延项目（工作流程）的竣工或显得其他人的无作为而给管理者留下负面印象，并拒绝采纳建言者的建议。

2. 建设性知觉在建言时机和管理者建言采纳决策、建言者评价间的部分中介作用

一方面，建言时机对管理者建言采纳决策、建言者评价行为有直接的作用，同时也通过建设性知觉的中介对管理者的建言采纳决策、建言者评价行为起到间接影响。许多研究（Harries，Evans & Dennis，2000）已经证实了建设性的、高质量的建言容易被管理者采纳，使建言者受益，而不准确的建言往往被管理者忽视，破坏建言者的信

誉。另一方面，根据决策时间因素的影响机制（见图6-4），决策的边际时间效应到达一定高峰后，会在P点开始有一段时间停滞，然后到Q开始递减（见图6-4），若是建言者在适宜的时机提出同样的建议或提案，即在信息搜寻最佳停止时间（见图6-4中Q点）前进行建言，往往管理者会更易于发现建言的价值和可行性，进而采纳建言并肯定建言者的努力，同时对其作出积极评价。

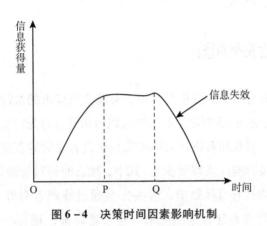

图6-4　决策时间因素影响机制

资料来源：王洪利. 风险决策中时间压力影响的理论分析［J］. 统计与决策，2010，11，21-23。

3. 喜好与建设性知觉在解决方案和建言者评价间的部分中介作用

一方面，解决方案对管理者建言采纳决策、建言者评价有直接的作用；另一方面也通过喜好与建设性知觉这两个中介因素对管理者的建言采纳决策、建言者评价起到间接影响。若是本身员工的建言不光指出了问题所在，还提供了备选方案，在管理者看来，这类员工能够去关注组织，解决组织存在的问题，这种努力是应当肯定的。而另一方面若是建言本身已经有问题解决方案，可以大大减少管理者的工作量，根据社会交换理论管理者通常会给其下级这种"利他"行为给予相应的心理上或物质上的酬赏，肯定建言者的努力，慎重衡量其所提出的建议的价值，进而做出相应的评价。

4. 建设性知觉在解决方案和建言者评价、管理者建言采纳决策间的完全中介作用

完全中介作用意味着解决方案必须通过建设性知觉才会对建言采纳及建言者评价产生影响，即解决方案之所以会影响管理者的建言采纳与建言者评价，有解决方案的建言可以增强管理者对建言质量的评估，通过识别建言的建设性，决定采纳该建言，并对建言者作出积极评价，反之，则不。

三、概念模型的修正

根据对研究结果的分析与讨论，对前文所提出的假设模型进行进一步修正，如图6-5所示。从图中可以看出建言行为特征（解决方案与建言时机）对管理者建言采纳决策与建言者评价的直接影响（虚线所示）与间接影响（实线所示）。其中，建言时机对管理者建言决策、建言者评价均具有直接效应；解决方案通过管理者喜好与建设性知觉间接影响管理者建言采纳决策与建言者评价；建言时机通过管理者喜好与建设性知觉间接影响管理者建言采纳决策与建言者评价。

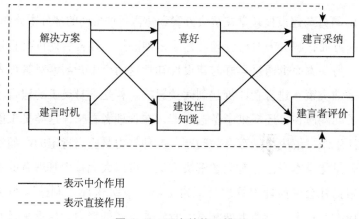

图6-5 研究的修正模型

本章主要是运用 SmartPls 验证了管理者建言认知变量对建言行为特征与管理者建言采纳决策、建言者评价的中介效应。首先，介绍了本章的研究目的，并在相关理论推导的基础上提出了 8 个待检验的研究假设，根据研究假设及理论推导构建出本章的实证模型。其次，是研究方法的选择，本章仍然采用第五章中的调研数据来进行研究，对管理者建言认知对建言行为特征与管理者建言采纳决策、建言者评价的中介效应检验则选择 PLS 结构方程模型；接着结合实际研究目的、变量特征、样本量等多方面的综合考虑，以偏最小二乘法，运用 SmartPLS 进行了研究检验。最后，通过对测量模型及结构模型的评估，综合本章管理者建言认知对建言行为特征与管理者建言采纳决策、建言者评价的中介效应研究，可以发现：①建言时机对管理者建言采纳决策的影响通过管理者对建言者的喜好起作用；②解决方案，建言时机对建言者的评价通过管理者对建言者的喜好起作用；③解决方案，建言时机对管理者建言采纳决策的影响通过管理者对建言者的建设性知觉起作用；④解决方案，建言时机对建言者的评价通过管理者对建言者的建设性知觉起作用。

第七章

研究结论与展望

第一节　主要结论与对管理实践的启示

自从 1970 年赫希曼提出"建言"的概念后，许多研究者对这一角色外行为进行了大量的理论探讨和实证研究，从各个层面对建言行为的前因变量与结果变量进行了探讨，近年来，也有部分国内学者相继展开了对员工建言行为的研究。本书在前人丰富研究成果的基础上，从组织管理者的决策心理机制出发，沿着建言行为—管理者建言认知—管理者建言采纳及建言者评价这一脉络，探讨管理者建言采纳决策与建言者评价心理机制，以期帮助建言者提出符合对方心理期望的建言，提高建言的成功率。

本书与前人研究的不同之处在于：第一，拓展了研究对象。国内外学者对建言行为的研究多是以建言行为的发出者为研究主体，研究行为主体的特点对建言的预测性，本书则主要关注建言的接受者——管理者，考察建言行为特征对其心理认知过程的影响；第二，从"刺激—认知—反应"的视角来研究建言行为认知对管理者建言采纳决策及建言者评价的影响，揭示了管理者建言采纳决策及建言者评价背后更为深层次的动机；第三，推进了关于建言行为结果变量的研究，以往研究对建言行为结果变量的考察主要集中在建言行为对员工公平感、员工离职率、个人绩效评价和组织效能的影响几个方面，本书除了考察建言行为特征对建言者评价的影响之外，还引入了一个更为至关重要的因素——管理者建言采纳，建言能否得到接受者的认可是这样一种双向沟通是否有效的关键；第四，本书选取了302名基层主管以上职位的管理者进行了中国文化背景下的员工建言行为研究，对目前较少的中国情境下的员工建言行为实证研究是一个有益补充。

一、主要结论

旨在改善组织，以变革为导向的员工建言行为一方面可以让管理者感受到员工对组织的主动关心和支持；另一方面，这种及时发现问题、解决问题、促进变革的建言还可以体现出员工较强的胜任力和领导潜力，因此，选择合适的建言方式和时机进行科学建言可以提高自己在管理者心目中的形象和地位。本书通过实证研究主要得出以下结论。

（一）解决方案、建言时机对管理者的建言认知、管理者建言采纳决策及建言者评价有很大影响

本书发现解决方案、建言时机对管理者的建言认知、管理者建言采纳决策及建言者评价有很大影响，研究结果表明当员工能够为他（她）们提出的问题提供解决方案，能够尽早提出问题（如项目开始阶段），员工更有可能得到来自管理者的积极评价并接受他（她）的建言。因此，对于那些想要促成组织积极变革，同时为自己的绩效评价加分的员工在进行建言时应该重点注意这些因素。首先，通过研究发现，解决方案尤其重要，因为这是员工本身可以掌控的因素，而且对建言认知有显著影响。因而，在把问题抛给管理者之前，员工应该花时间和精力制定一个可行的解决方案。其次，员工在提出建议时应

当考虑建言时机的重要性，应明确认识到有些时候太迟建言反而会给接受者留下负面的印象。本书研究结果显示，相比于较晚建言，管理者对较早建言会有更积极的认知，因此，只要有可能，员工应该在某个项目或流程中尽早建言，否则，只会成为事后诸葛。

（二）本书的研究框架和研究结果揭示了管理者建言采纳决策及建言者评价的影响路径

研究发现，建言行为特征——建言中是否包含解决方案、建言时机的早晚——并不是直接对管理者建言采纳决策及建言者评价产生影响，在很大程度上而是通过建言行为认知产生作用。这一结论和托尔曼提出的 S－C－R（刺激—认知—反应）模型理论的观点是相符的，外部刺激和个体行为反应之间的心理过程与个体所做出的行为反应有密切联系，是行为的决定因素。虽然喜好曾被用在先前的研究中来解释对组织公民行为的积极影响，不过极少有研究涉及员工行为的建设性特点对组织公民行为与其结果之间潜在的中介作用。本书发现当建言信息中含有问题的解决方案和尽早建言都会影响对建言行为的建设性知觉，进而影响到管理者建言采纳决策及建言者评价行为。因此，建言行为的建设性一定程度上可以预测对其的绩效评价。

（三）建言行为特征对管理者的威胁性知觉影响不显著

本书第五章方差分析的结果显示，管理者对来自下属的建言的威胁性不敏感，解决方案、建言框架、建言时机对管理者的威胁性知觉的影响均不显著。这一结论和菲奥娜·李（Fiona Lee，1997）、谭雅·梅侬和杰佛瑞·菲佛（Tanya Menon & Jeffrey Pfeffer，2003）、谭雅·梅侬、莉·汤普森和崔镇男（2006）等的观点不太一致，这些研究者多认为组织中他人给出的建议会威胁到个体的自我尊严和地位，承认对方的知识将意味着对自我的贬抑。本书的这一结论之所以和西方学者们的理论和实践结论不一致，应该和中西方不同的国家治理模式、中西方企业管理差异性以及文化的差异有密切关系。西方文化中强调平等与个性，上下级间的权力距离较小；而中国管理哲学侧重的是人、等级（陈春花，2009），我国传统君臣关系等级制度对企业影响深远，上下级之间权力距离较大，等级秩序严格，极少会有越级沟通的现象，因而，在大多数调查对象看来，来自下级的建言对自己的考核或者上级的评价不会有太大影响。

（四）建言信息框架对管理者建言认知及建言采纳决策的影响不显著

在不同情境材料下进行调研时，先让调查对象对解决方案、建言陈述框架、建言时机的不同进行了判断，结果表明调查对象识别出了情境材料中积极建言框架与消极建言框架的差别，在积极建言陈述框架下均值比消极建言陈述框架下均值要高。即使调查对象识别出了积极框架和消极框架的差别，而建言信息框架对管理者建言认知及建言采纳决策的影响不显著，对此，可能有以下两个主要的原因，一是前人的研究（Kahneman & Tversky，1982；Galinsky & Mussweiler，2001）大多是在相对独立的情境中对框架效应进行检验的，没有操纵其他变量（如建言中有没有问题的解决方案、建言时机的早晚等）。因而，本书结果显示建言信息框架对管理者建言认知及采纳行为的影响不显著，主要是因为在这些影响力更大的变量（解决方案、建言时机）的作用下，建言框架的效用被淹没了。二是即使调查对象识别出了积极框架和消极框架的差别，同一框架对不同调查对象的影响可能不同，比如积极信息框架下会诱发情感启发式推理，做出乐观评价（Dunegan，1993；张风华等，2010），而有时强调损失/失败等负面结果的消极框架反而会引起信息接受者的警惕（Tversky & Kahneman，1981），进而管理者会对建议或方案展开深入论证，进行理性分析，作出是否采纳的决策。所以，在研究建言信息框架对管理者建言认知及建言采纳决策的影响时，可能还需要增加比如管理者决策与推理模式（基于直觉的启发式系统还是基于理性的分析系统）等其他调节变量。

二、对管理实践的启示

本书对管理实践的启示主要体现在以下三个层面。

（一）员工个人层面

1. 积极主动建言

通过研究发现，员工的积极建言行为，可以在其上级面前树立关心组织的正面形象，得到上级对其胜任力和领导能力的肯定，得到更高评价，获取更多资源甚至晋升机会。因此，员工要充分认识到建言行为对形成个体"好形象"的积极效用，把握时机，主动展现个人的才华和工作能力。

2. 注意建言的质量和时机的把握

研究发现员工建言时，建言行为本身的特征——解决方案和建言时机均会显著影响管理者的建言采纳决策与建言者评价行为。这一方面说明员工在向上级建言之前应该对所要建言的问题有切实可行的解决方案，同时要尽早建言，在项目或工作的开始阶段提出好的建议；而另一方面通过观察管理者建言采纳与建言者评价的 IPMA 图（见图6-3）可以看出，对于解决方案和建言时机这两个建言者本身可以控制的因素，建言时机的总体效应比解决方案要大一些。也就是说，如果时间和方案两者不能兼顾时，应该先考虑对管理者建言采纳决策和建言者评价影响更大的建言时机因素。然而，在有些情况下，比如可能会造成可怕的后果（个人安全、组织重大损失）时，即使较晚的建言也是非常必要的。因此，在建言时，在合适的场合，运用合适的方法，不要盲目地表现，避免他人作出错误的评价。

（二）管理者层面

管理者对建言的认知会影响其建言采纳决策及对建言者的评价，而这反过来又会影响员工的建言积极性，只有那些得到积极反馈的员工才会保持并重复其建言行为。通过对喜好及建设性知觉在解决方案、建言时机与建言者评价、管理者建言采纳决策中所起的中介作用的研究发现，管理者对建言行为是否采纳，并对建言者作何种评价很大程度上取决于其对建言者及建言行为的认知。比如，建设性知觉对解决方案与建言者评价的完全中介效应正表明了"表现出建言行为的员工是想要帮助组织"这一认识对管理者如何看待建言行为起关键作用。因此，管理者的态度及认知对组织中员工建言是否踊跃起着举足轻重的作用。

1. 提高管理者的自我认识品质

赫伯特·西蒙提出了"有限理性"的概念，认为在决策过程中，管理者是介于完全理性和非理性之间的，因为人的信息加工能力是有限的，没有能力去全面考察所有方案，无法实现决策效率的最大化，是有限理性的管理人。个体在做任何事情的时候，都不可避免地会夹杂个人情感，因此，对于管理者要提高自我认识品质，调控好自己的情感，发挥其积极作用。

2. 对员工的建言行为及时强化和反馈

一方面，对于员工有效的建言行为要适时地进行正强化，比如可以通过口头或书面表彰，也可以通过设立一些专门的建言奖励制度给建言者提供物质上的奖励，提高其建言积极性；另一方面，对于没有采纳其建言的员工，也要及时与之沟通，说明没有采纳的原因和理由，并对其主动精神给予肯定，鼓励其持续建言。

3. 营造心理安全气氛

心理安全感是影响员工是否建言的一个关键心理状态。所以，组织领导者要有广纳建言的心胸和有效处理建言的能力，乐于倾听员工的声音，并确保其不至于招致惩戒。员工拥有心理安全感，才可能积极地为组织建言献策。

（三）组织层面

本书发现员工建言行为对管理者的威胁性知觉影响不显著，管理者对来自下属的建言的威胁性不敏感，对是否慎重对待员工建言及是否进行了客观评价没有来自外界的压力，这主要是因为在中国企业中高权力距离及严格的等级制度之下，员工只对直接上级负责，组织中也鲜有越级建言。因而无论建言是否可行，质量如何都只有直接上级一人来判断，不利于员工建言积极性的培养。组织层面上可以从以下三个方面创建良好的建言氛围，积极引导主动建言。

1. 增加建言渠道

创建鼓励建言的组织氛围，广开言路，增加建言渠道，以增加管理者处理员工建言的透明度。一定程度上可以允许自下而上的越级建言，但是要控制好越级沟通的度，以免引起建言者直接上级的不满，影响其在下属面前的权威和影响力，造成管理失控。比如可以建立透明的公共信箱，不管是建议还是意见都在大家看得见的平台上处理。一方面，使直接上级能够客观、慎重对待下属员工建言；另一方面，向员工传达一种"组织欢迎建言"的信号，消除员工诸如"害怕受到惩罚；直接上级不支持；担心被贴上负面标签"（Morrison，Milliken & Hewlin，2003）等方面的担忧，进一步强化员工的建言动机。

2. 强化建言的制度保障

中国传统文化历来崇尚和谐、顺从和忠诚，员工的建言行为具有较大的群体压力，此时建言的组织保障就显得尤为重要。组织应建立扁平的组织结构，用现代化宽松、柔性的管理模式取代等级制管理和集权式决策，扩大团队的自主管理程度；同时，建立完善的建言管理制度，并形成专门的机制和渠道来确保顺畅的信息沟通，及时、公正地处理员工的建言，并给予口头或书面形式的反馈。

3. 重视组织公平

国内外众多研究都表明，组织公平感知会影响员工的组织承诺及角色外行为，张戍凡、周路路、赵曙明（2013）验证了中国情境下组织公平组合与员工沉默行为的关系，发现"低分配公平—低互动公平"的氛围中，最容易导致员工沉默。并且，当组织公平感较低时，员工会通过减少角色外行为这种相对安全的办法来消除不公平感，因为它是不受正式奖惩系统所约束的（Zellars，Tepper & Duffy，2002）。因而，组织公平氛围与员工承诺以及角色外行为息息相关，提高组织公平程度可以有效地提高员工的组织承诺水平，表现出更多的角色外行为，包括主动建言。

第二节　后续研究展望

一、局限性

由于研究涉及复杂的建言行为特征及认知过程，鉴于本身的能力欲进行全方位的研究是难以实现的，故综合来看本研究尚存在以下不足。

第一，量表的设计上，本研究中主要是借鉴的国外学者比较成熟的量表。这些量表是在西方的文化背景下开发出来的。虽然本文研究者采用了标准的翻译—回译程序，结合相关专家和企业管理者的反馈意见，对量表语义与其中包含的文化内容根据本文研究情境进行了相应的修正，但是文化的差异仍然可能会对量表的有效性造成一定的影响。在资源允许的条件下，应该在以后的研究中扩大样本的地域范围，并使行业比例更合理化，以增强研究结论的一般性和适用性。

第二，本研究在样本选择和样本量方面存在一定的局限。因为时间、人力、财力、社会资源等条件的限制，本文的样本分布主要集中在北京、上海、广东、江苏、浙江、湖北、陕西、甘肃等省市，样本地理分布范围有所局限。此外，本研究的受试者主要集中于民营企业和国有企业，其他组织类型的样本相对较少。在抽样方法方面，囿于有限的研究资源，本研究对于企业的选择采用了滚雪球抽样（非随机抽样）的方式。以上因素一定程度上会影响本文研究结论的可推广性。

第三，影响管理者建言采纳决策与建言者评价的因素很多，而本研究只考察了建言行为特征及管理者建言认知方面的因素，没有将一些已证实影响管理者建言采纳决策与建言者评价的因素纳入模型。

以上是本文的几点不足，同时也给以后员工建言及管理者采纳决策的理论与实证研究留下了创新的空间。

二、后续研究展望

未来的研究可在以下几个方面作出努力。

（一）从说服理论的相关方面深入挖掘影响建言采纳决策与建言者评价的因素

建言一定程度上代表了员工的说服意图，一个建言者识别出他/她认为应当改变的事件，并把有关信息与组织管理者进行沟通，以促成组织某些方面的变革或改善。因此，可以从社会心理学说服理论的视角来探讨管理者建言采纳决策与建言者评价这一课题，影响说服导致态度改变的许多因素应该也同样会影响管理者对建言行为的认知和对建言者的评价。威廉·麦奎尔（William James McGuire，1985）和约翰·奥基夫（John O'Keefe，1990）认为说服信息、说服情境对说服效果有重要影响，本书所涉及的建言信息中是否有解决方案、建言的陈述框架、建言的时机即是基于此确定的，其中，解决方案和建言框架是属于信息方面的变量，建言时机属于情境方面的变量。因此，未来研究可以进一步从说服理论的相关方面深入挖掘，进行研究，比如从信息层面上，可以考虑员工在表达建言时有没有提供一些事实资料来支持他（她）的观点或只是依赖于感性诉求。情境因素方面可以考察组织规范对管理者建言认知及建言者评价的影响。

（二）扩展建言接受者自身特征方面的影响因素

另外，建言接受者的特点对其建言认知、建言采纳决策及建言者评价行为的影响方面，本书只选择了接受者对建言者的喜好这一情绪特征来进行研究，未来研究可以结合建言采纳理论中影响建言采纳的管理者方面的其他因素进行更多探讨，比如感激、挫折等情绪特征的影响；管理者与建言者之间的权力距离会不会对员工建言产生折扣效应，因为建言者和管理者所处位置不同，双方认知角度不同，会导致观点的不对称，这种认知上的偏差会对管理者建言采纳决策及建言者评价产生影响。

（三）从群体层面进行更多有意义的探索与研究

本书主要聚焦于个体层面来分析对建言者产生积极或消极影响的建言行为方面的因素，同样，可以从群体层面上来研究建言的效能，一方面，当前的许多研究成果可以得出这一结论：建言氛围浓厚的团队或部门可能群体绩效水平也比较高，因为它们能够更快地找到所面临问题的解决方案；另一方面，林·凡·戴恩和杰弗里·勒平（1998）、林·凡·戴恩等（1995）学者曾指出建言行为可能会对人际关系有负面影响，因此，建言氛围浓厚的团队或部门可能会面临较高水平的冲突以及较低的凝聚力，而这又可能会降低团队或部门的整体绩效。基于不同的推理结果，未来研究可以在群体层面的建言行为及群体绩效的角度进行更多有意义的探索与研究。

附　　录

问卷 1

尊敬的先生/女士：

您好！谢谢您在百忙之中填答这份问卷，本次问卷是一份学术性的研究问卷，所有资料仅会作为学术项目之用。您的填答直接关系到本书结论的科学性，因此恳请您勿遗漏任何一题。

您的协助将有助于此项研究的深入开展，在此表示衷心感谢！

请您阅读以下背景材料，然后根据您的真实感受在下面每个问题所给出的答案中选择一个最符合您内心的选项。

某公司某项目小组要开发一种抗过敏用药，该项目组有 7 名成员，负责人叫李明，成员包括张华等 6 人。他们要对产品设计、包装以及营销负责。

现产品和包装设计工作已步入正轨，离产品正式发布还有 3 个月。经过前期努力，已通过了药品管理局的审批，同时在产品设计、外观、包装、营销方案设计方面有很大进展。

在今天的项目小组会议上，组员张华向负责人李明提出如下改进建议：

"第一，我认为应改用一个这类药品消费者更愿意接受的更保守的颜色，可以用比较简单、低调的颜色，比如跟去年老年痴呆症药差不多的颜色。第二，对于包装盒，可以采用深蓝色或象牙色等传统色。第三，药品大小。现在这种小三角形我觉得病人用起来非常不便，应当用稍微大一些的椭圆形胶囊。最后就是瓶子的大小，我认为可以采用和嘌呤霉素同样的瓶子，既美观又实用。"

"如果有效解决了配色方案、包装盒、药片大小和瓶子的问题，我认为可以大大提高市场占有率。"

第一部分

如果您是负责人李明，对于下列观点，请将最符合您内心的选项用阴影做标记或打√。

S：张华提供了如何解决他所提出问题的具体方案。

□完全同意　　　□同意　　　□不确定　　　□不同意
□完全不同意

F：张华指出了改进现有方案带来的好处。

□完全同意　　　□同意　　　□不确定　　　□不同意
□完全不同意

T：张华提出建议时，距离产品发布还有足够多的时间。

□完全同意　　　□同意　　　□不确定　　　□不同意
□完全不同意

LK1：我喜欢张华这类员工。

□完全同意　　　□同意　　　□不确定　　　□不同意
□完全不同意

LK2：我与张华这类员工相处得很好。

□完全同意　　　□同意　　　□不确定　　　□不同意
□完全不同意

LK3：管理张华这类员工是一种享受。

□完全同意　　　□同意　　　□不确定　　　□不同意
□完全不同意

LK4：我会想要和张华这样的人做朋友。

☐完全同意　　　☐同意　　　☐不确定　　　☐不同意
☐完全不同意

TP1：张华的建言行为会影响他人对我能力的肯定。

☐完全同意　　　☐同意　　　☐不确定　　　☐不同意
☐完全不同意

TP2：如果我的上司听到张华的建议，会认为我的计划有漏洞。

☐完全同意　　　☐同意　　　☐不确定　　　☐不同意
☐完全不同意

TP3：如果采纳张华的建议，我会在小组其他成员面前失去威信。

☐完全同意　　　☐同意　　　☐不确定　　　☐不同意
☐完全不同意

TP4：如果采纳张华的建议，将会影响我的考核成绩。

☐完全同意　　　☐同意　　　☐不确定　　　☐不同意
☐完全不同意

PL1：张华关心组织的利益。

☐完全同意　　　☐同意　　　☐不确定　　　☐不同意
☐完全不同意

PL2：张华确实在思考对组织来说什么是重要的。

☐完全同意　　　☐同意　　　☐不确定　　　☐不同意
☐完全不同意

PL3：张华将不遗余力地帮助组织。

☐完全同意　　　☐同意　　　☐不确定　　　☐不同意
☐完全不同意

PL4：张华不会故意做对组织有害的事情。

☐完全同意　　　☐同意　　　☐不确定　　　☐不同意
☐完全不同意

CP1：张华的建议非常有建设性。

☐完全同意　　　☐同意　　　☐不确定　　　☐不同意

□完全不同意

CP2：张华的建议会提高团队的绩效。

□完全同意　　　　□同意　　　　□不确定　　　　□不同意

□完全不同意

CP3：张华的建议可以启发我进一步完善方案。

□完全同意　　　　□同意　　　　□不确定　　　　□不同意

□完全不同意

AC1：我会把张华的建议反映给我的上司。

□完全同意　　　　□同意　　　　□不确定　　　　□不同意

□完全不同意

AC2：我会支持张华的建议。

□完全同意　　　　□同意　　　　□不确定　　　　□不同意

□完全不同意

AC3：我认为张华的建议可以实施。

□完全同意　　　　□同意　　　　□不确定　　　　□不同意

□完全不同意

EV1：张华的建议非常有价值。

□完全同意　　　　□同意　　　　□不确定　　　　□不同意

□完全不同意

EV2：如果将来有职位空缺，我会推荐张华。

□完全同意　　　　□同意　　　　□不确定　　　　□不同意

□完全不同意

EV3：如果张华被提拔，我们成了同级，我觉得他能够胜任其工作。

□完全同意　　　　□同意　　　　□不确定　　　　□不同意

□完全不同意

EV4：我认为张华的工作非常出色。

□完全同意　　　　□同意　　　　□不确定　　　　□不同意

□完全不同意

第二部分

本部分是个人基本资料，请您根据实际情况在相应的选项上用阴影做标记或打√。

D1. 您的性别：①男　②女

D2. 您的年龄：①25 岁以下　②26 岁～35 岁　③36 岁～45 岁 ④45 岁以上

D3. 贵单位类型：①民企　②国企　③外企　④政府单位　⑤教育机构　⑥其他

D4. 您在团队/部门是什么角色：①普通组员　②主管　③部门经理及以上

D5. 您的工作年限：①1 年及以下　②2～3 年　③3 年以上

本问卷至此结束，烦请您能再次检查本问卷所有题项，确保没有漏答之处。再次感谢您的合作！

问卷 2

尊敬的先生/女士：

您好！谢谢您在百忙之中填答这份问卷，本次问卷是一份学术性的研究问卷，所有资料仅会作为学术项目之用。您的填答直接关系到本书结论的科学性，因此恳请您勿遗漏任何一题。

您的协助将有助于此项研究的深入开展，在此表示衷心感谢！

请您阅读以下背景材料，然后根据您的真实感受在下面每个问题所给出的答案中选择一个最符合您内心的选项。

某公司某项目小组要开发一种抗过敏用药，该项目组有 7 名成员，负责人叫李明，成员包括张华等 6 人。他们要对产品的设计、包装以及营销负责。

经过 2 个多月努力，完成了产品设计，营销活动也将开始启动，且已有了药品管理局的批文。因此，产品将会在 1 周内推出。

在今天的项目小组会议上，组员张华向负责人李明提出如下改进建议：

"第一，我认为应改用一个这类药品消费者更愿意接受的更保守的颜色，可以用比较简单、低调的颜色，比如跟去年老年痴呆症药差不多的颜色。第二，对于包装盒，可以采用深蓝色或象牙色等传统色。第三，药品大小。现在这种小三角形我觉得病人用起来非常不便，应当用稍微大一些的椭圆形胶囊。最后就是瓶子的大小，我认为可以采用和嘌呤霉素同样的瓶子，既美观又实用。"

"如果有效解决了配色方案、包装盒、药片大小和瓶子的问题，我认为可以大大提高市场占有率。"

第一部分

如果您是负责人李明，对于下列观点，请将最符合您内心的选项用阴影做标记或打√。

S：张华提供了如何解决他所提出问题的具体方案。

□完全同意　　　□同意　　　□不确定　　　□不同意
□完全不同意

F：张华指出了改进现有方案带来的好处。

□完全同意　　　□同意　　　□不确定　　　□不同意
□完全不同意

T：张华提出建议时，距离产品发布还有足够多的时间。

□完全同意　　　□同意　　　□不确定　　　□不同意
□完全不同意

LK1：我喜欢张华这类员工。

□完全同意　　　□同意　　　□不确定　　　□不同意
□完全不同意

LK2：我与张华这类员工相处得很好。

□完全同意　　　　□同意　　　　□不确定　　　　□不同意
□完全不同意

LK3：管理张华这类员工是一种享受。

□完全同意　　　　□同意　　　　□不确定　　　　□不同意
□完全不同意

LK4：我会想要和张华这样的人做朋友。

□完全同意　　　　□同意　　　　□不确定　　　　□不同意
□完全不同意

TP1：张华的建言行为会影响他人对我能力的肯定。

□完全同意　　　　□同意　　　　□不确定　　　　□不同意
□完全不同意

TP2：如果我的上司听到张华的建议，会认为我的计划有漏洞。

□完全同意　　　　□同意　　　　□不确定　　　　□不同意
□完全不同意

TP3：如果采纳张华的建议，我会在小组其他成员面前失去威信。

□完全同意　　　　□同意　　　　□不确定　　　　□不同意
□完全不同意

TP4：如果采纳张华的建议，将会影响我的考核成绩。

□完全同意　　　　□同意　　　　□不确定　　　　□不同意
□完全不同意

PL1：张华关心组织的利益。

□完全同意　　　　□同意　　　　□不确定　　　　□不同意
□完全不同意

PL2：张华确实在思考对组织来说什么是重要的。

□完全同意　　　　□同意　　　　□不确定　　　　□不同意
□完全不同意

PL3：张华将不遗余力地帮助组织。

□完全同意　　　　□同意　　　　□不确定　　　　□不同意

□完全不同意

PL4：张华不会故意做对组织有害的事情。

□完全同意　　　　□同意　　　　□不确定　　　　□不同意
□完全不同意

CP1：张华的建议非常有建设性。

□完全同意　　　　□同意　　　　□不确定　　　　□不同意
□完全不同意

CP2：张华的建议会提高团队的绩效。

□完全同意　　　　□同意　　　　□不确定　　　　□不同意
□完全不同意

CP3：张华的建议可以启发我进一步完善方案。

□完全同意　　　　□同意　　　　□不确定　　　　□不同意
□完全不同意

AC1：我会把张华的建议反映给我的上司。

□完全同意　　　　□同意　　　　□不确定　　　　□不同意
□完全不同意

AC2：我会支持张华的建议。

□完全同意　　　　□同意　　　　□不确定　　　　□不同意
□完全不同意

AC3：我认为张华的建议可以实施。

□完全同意　　　　□同意　　　　□不确定　　　　□不同意
□完全不同意

EV1：张华的建议非常有价值。

□完全同意　　　　□同意　　　　□不确定　　　　□不同意
□完全不同意

EV2：如果将来有职位空缺，我会推荐张华。

□完全同意　　　　□同意　　　　□不确定　　　　□不同意
□完全不同意

EV3：如果张华被提拔，我们成了同级，我觉得他能够胜任其工作。

□完全同意　　　　□同意　　　　□不确定　　　　□不同意

□完全不同意

EV4：我认为张华的工作非常出色。

□完全同意　　　　□同意　　　　□不确定　　　　□不同意

□完全不同意

第二部分

本部分是个人基本资料，请您根据实际情况在相应的选项上用阴影做标记或打√。

D1. 您的性别：①男　②女

D2. 您的年龄：①25 岁以下　②26 岁～35 岁　③36 岁～45 岁 ④45 岁以上

D3. 贵单位类型：①民企　②国企　③外企　④政府单位　⑤教育机构　⑥其他

D4. 您在团队/部门是什么角色：①普通组员　②主管　③部门经理及以上

D5. 您的工作年限：①1 年及以下　②2～3 年　③3 年以上

本问卷至此结束，烦请您能再次检查本问卷所有题项，确保没有漏答之处。再次感谢您的合作！

问卷 3

尊敬的先生/女士：

您好！谢谢您在百忙之中填答这份问卷，本次问卷是一份学术性的研究问卷，所有资料仅会作为学术项目之用。您的填答直接关系到本书结论的科学性，因此恳请您勿遗漏任何一题。

您的协助将有助于此项研究的深入开展，在此表示衷心感谢！

请您阅读以下背景材料，然后根据您的真实感受在下面每个问题所给出的答案中选择一个最符合您内心的选项。

某公司某项目小组要开发一种抗过敏用药，该项目组有 7 名成员，负责人叫李明，成员包括张华等 6 人。他们要对产品的设计、包装以及营销负责。

经过 2 个多月努力，完成了产品设计，营销活动也将开始启动，且已有了药品管理局的批文。因此，产品将会在 1 周内推出。

在今天的项目小组会议上，组员张华向负责人李明提出以下改进建议：

"第一，我认为应改用一个这类药品消费者更愿意接受的更保守的颜色，可以用比较简单、低调的颜色，比如跟去年老年痴呆症药差不多的颜色。第二，对于包装盒，可以采用深蓝色或象牙色等传统色。第三，药品大小。现在这种小三角形我觉得病人用起来非常不便，应当用稍微大一些的椭圆形胶囊。最后就是瓶子的大小，我认为可以采用和嘌呤霉素同样的瓶子，既美观又实用。"

"我认为如果不重视这些方面的问题，可能会失去一部分消费者。"

第一部分

如果您是负责人李明，对于下列观点，请将最符合您内心的选项用阴影做标记或打√。

S：张华提供了如何解决他所提出问题的具体方案。

□完全同意　　　□同意　　　□不确定　　　□不同意

□完全不同意

F：张华指出了现有方案可能造成的危害。

□完全同意　　　□同意　　　□不确定　　　□不同意

□完全不同意

T：张华提出建议时，距离产品发布还有足够多的时间。

□完全同意　　　　□同意　　　　□不确定　　　　□不同意
□完全不同意

LK1：我喜欢张华这类员工。

□完全同意　　　　□同意　　　　□不确定　　　　□不同意
□完全不同意

LK2：我与张华这类员工相处得很好。

□完全同意　　　　□同意　　　　□不确定　　　　□不同意
□完全不同意

LK3：管理张华这类员工是一种享受。

□完全同意　　　　□同意　　　　□不确定　　　　□不同意
□完全不同意

LK4：我会想要和张华这样的人做朋友。

□完全同意　　　　□同意　　　　□不确定　　　　□不同意
□完全不同意

TP1：张华的建言行为会影响他人对我能力的肯定。

□完全同意　　　　□同意　　　　□不确定　　　　□不同意
□完全不同意

TP2：如果我的上司听到张华的建议，会认为我的计划有漏洞。

□完全同意　　　　□同意　　　　□不确定　　　　□不同意
□完全不同意

TP3：如果采纳张华的建议，我会在小组其他成员面前失去威信。

□完全同意　　　　□同意　　　　□不确定　　　　□不同意
□完全不同意

TP4：如果采纳张华的建议，将会影响我的考核成绩。

□完全同意　　　　□同意　　　　□不确定　　　　□不同意
□完全不同意

PL1：张华关心组织的利益。

□完全同意　　　　□同意　　　　□不确定　　　　□不同意

□完全不同意

PL2：张华确实在思考对组织来说什么是重要的。

□完全同意　　　　□同意　　　　□不确定　　　　□不同意

□完全不同意

PL3：张华将不遗余力地帮助组织。

□完全同意　　　　□同意　　　　□不确定　　　　□不同意

□完全不同意

PL4：张华不会故意做对组织有害的事情。

□完全同意　　　　□同意　　　　□不确定　　　　□不同意

□完全不同意

CP1：张华的建议非常有建设性。

□完全同意　　　　□同意　　　　□不确定　　　　□不同意

□完全不同意

CP2：张华的建议会提高团队的绩效。

□完全同意　　　　□同意　　　　□不确定　　　　□不同意

□完全不同意

CP3：张华的建议可以启发我进一步完善方案。

□完全同意　　　　□同意　　　　□不确定　　　　□不同意

□完全不同意

AC1：我会把张华的建议反映给我的上司。

□完全同意　　　　□同意　　　　□不确定　　　　□不同意

□完全不同意

AC2：我会支持张华的建议。

□完全同意　　　　□同意　　　　□不确定　　　　□不同意

□完全不同意

AC3：我认为张华的建议可以实施。

□完全同意　　　　□同意　　　　□不确定　　　　□不同意

□完全不同意

EV1：张华的建议非常有价值。

□完全同意　　　□同意　　　□不确定　　　□不同意
□完全不同意

EV2：如果将来有职位空缺，我会推荐张华。

□完全同意　　　□同意　　　□不确定　　　□不同意
□完全不同意

EV3：如果张华被提拔，我们成了同级，我觉得他能够胜任其工作。

□完全同意　　　□同意　　　□不确定　　　□不同意
□完全不同意

EV4：我认为张华的工作非常出色。

□完全同意　　　□同意　　　□不确定　　　□不同意
□完全不同意

第二部分

本部分是个人基本资料，请您根据实际情况在相应的选项上用阴影做标记或打√。

D1. 您的性别：①男　②女

D2. 您的年龄：①25 岁以下　②26～35 岁　③36～45 岁　④45 岁以上

D3. 贵单位类型：①民企　②国企　③外企　④政府单位　⑤教育机构　⑥其他

D4. 您在团队/部门是什么角色：①普通组员　②主管　③部门经理及以上

D5. 您的工作年限：①1 年及以下　②2～3 年　③3 年以上

本问卷至此结束，烦请您能再次检查本问卷所有题项，确保没有漏答之处。再次感谢您的合作！

问卷4

尊敬的先生/女士：

　　您好！谢谢您在百忙之中填答这份问卷，本次问卷是一份学术性的研究问卷，所有资料仅会作为学术项目之用。您的填答直接关系到本书结论的科学性，因此恳请您勿遗漏任何一题。

　　您的协助将有助于此项研究的深入开展，在此表示衷心感谢！

　　请您阅读以下背景材料，然后根据您的真实感受在下面每个问题所给出的答案中选择一个最符合您内心的选项。

　　某公司某项目小组要开发一种抗过敏用药，该项目组有7名成员，负责人叫李明，成员包括张华等6人。他们要对产品的设计、包装以及营销负责。

　　现小组产品和包装设计工作已步入正轨，离产品正式发布还有3个月。经过前期努力，通过了药品管理局的审批，同时在产品设计、外观、包装、营销方案设计方面有很大进展。

　　在今天的项目小组会议上，组员张华向负责人李明提出如下改进建议：

　　"第一，我认为应改用一个这类药品消费者更愿意接受的更保守的颜色，可以用比较简单、低调的颜色，比如跟去年老年痴呆症药差不多的颜色。第二，对于包装盒，可以采用深蓝色或象牙色等传统色。第三，药品大小。现在这种小三角形我觉得病人用起来非常不便，应当用稍微大一些的椭圆形胶囊。最后就是瓶子的大小，我认为可以采用和嘌呤霉素同样的瓶子，既美观又实用。"

　　"我认为如果不重视这些方面的问题，可能会失去一部分消费者。"

第一部分

　　如果您是负责人李明，对于下列观点，请将最符合您内心的选项

用阴影做标记或打√。

S：张华提供了如何解决他所提出问题的具体方案。

□完全同意　　　□同意　　　□不确定　　　□不同意
□完全不同意

F：张华指出了现有方案可能造成的危害。

□完全同意　　　□同意　　　□不确定　　　□不同意
□完全不同意

T：张华提出建议时，距离产品发布还有足够多的时间。

□完全同意　　　□同意　　　□不确定　　　□不同意
□完全不同意

LK1：我喜欢张华这类员工。

□完全同意　　　□同意　　　□不确定　　　□不同意
□完全不同意

LK2：我与张华这类员工相处得很好。

□完全同意　　　□同意　　　□不确定　　　□不同意
□完全不同意

LK3：管理张华这类员工是一种享受。

□完全同意　　　□同意　　　□不确定　　　□不同意
□完全不同意

LK4：我会想要和张华这样的人做朋友。

□完全同意　　　□同意　　　□不确定　　　□不同意
□完全不同意

TP1：张华的建言行为会影响他人对我能力的肯定。

□完全同意　　　□同意　　　□不确定　　　□不同意
□完全不同意

TP2：如果我的上司听到张华的建议，会认为我的计划有漏洞。

□完全同意　　　□同意　　　□不确定　　　□不同意
□完全不同意

TP3：如果采纳张华的建议，我会在小组其他成员面前失去威信。

☐完全同意　　　☐同意　　　☐不确定　　　☐不同意
☐完全不同意

TP4：如果采纳张华的建议，将会影响我的考核成绩。

☐完全同意　　　☐同意　　　☐不确定　　　☐不同意
☐完全不同意

PL1：张华关心组织的利益。

☐完全同意　　　☐同意　　　☐不确定　　　☐不同意
☐完全不同意

PL2：张华确实在思考对组织来说什么是重要的。

☐完全同意　　　☐同意　　　☐不确定　　　☐不同意
☐完全不同意

PL3：张华将不遗余力地帮助组织。

☐完全同意　　　☐同意　　　☐不确定　　　☐不同意
☐完全不同意

PL4：张华不会故意做对组织有害的事情。

☐完全同意　　　☐同意　　　☐不确定　　　☐不同意
☐完全不同意

CP1：张华的建议非常有建设性。

☐完全同意　　　☐同意　　　☐不确定　　　☐不同意
☐完全不同意

CP2：张华的建议会提高团队的绩效。

☐完全同意　　　☐同意　　　☐不确定　　　☐不同意
☐完全不同意

CP3：张华的建议可以启发我进一步完善方案。

☐完全同意　　　☐同意　　　☐不确定　　　☐不同意
☐完全不同意

AC1：我会把张华的建议反映给我的上司。

☐完全同意　　　☐同意　　　☐不确定　　　☐不同意
☐完全不同意

AC2：我会支持张华的建议。

☐完全同意　　　☐同意　　　☐不确定　　　☐不同意
☐完全不同意

AC3：我认为张华的建议可以实施。

☐完全同意　　　☐同意　　　☐不确定　　　☐不同意
☐完全不同意

EV1：张华的建议非常有价值。

☐完全同意　　　☐同意　　　☐不确定　　　☐不同意
☐完全不同意

EV2：如果将来有职位空缺，我会推荐张华。

☐完全同意　　　☐同意　　　☐不确定　　　☐不同意
☐完全不同意

EV3：如果张华被提拔，我们成了同级，我觉得他能够胜任其工作。

☐完全同意　　　☐同意　　　☐不确定　　　☐不同意
☐完全不同意

EV4：我认为张华的工作非常出色。

☐完全同意　　　☐同意　　　☐不确定　　　☐不同意
☐完全不同意

第二部分

本部分是个人基本资料，请您根据实际情况在相应的选项上用阴影做标记或打√。

D1. 您的性别：①男　②女

D2. 您的年龄：①25 岁以下　②26～35 岁　③36～45 岁　④45 岁以上

D3. 贵单位类型：①民企　②国企　③外企　④政府单位　⑤教

育机构　⑥其他

D4. 您在团队/部门是什么角色：①普通组员　②主管　③部门经理及以上

D5. 您的工作年限：①1 年及以下　②2 ~ 3 年　③3 年以上

本问卷至此结束，烦请您能再次检查本问卷所有题项，确保没有漏答之处。再次感谢您的合作！

问卷5

尊敬的先生/女士：

您好！谢谢您在百忙之中填答这份问卷，本次问卷是一份学术性的研究问卷，所有资料仅会作为学术项目之用。您的填答直接关系到本书结论的科学性，因此恳请您勿遗漏任何一题。

您的协助将有助于此项研究的深入开展，在此表示衷心感谢！

请您阅读以下背景材料，然后根据您的真实感受在下面每个问题所给出的答案中选择一个最符合您内心的选项。

某公司某项目小组要开发一种抗过敏用药，该项目组有 7 名成员，负责人叫李明，成员包括张华等 6 人。他们要对产品的设计、包装以及营销负责。

现产品和包装设计工作已步入正轨，离产品正式发布还有 3 个月。经过前期努力，通过了药品管理局的审批，同时在产品设计、外观、包装、营销方案设计方面都已有很大进展。

在今天的项目小组会议上，组员张华向负责人李明提出如下建议：

"我觉得配色方案、药品大小，甚至是包装都不太合适，如果不重视这些方面的问题，会影响产品的推广，失去一部分消费者。"

第一部分

如果您是负责人李明，对于下列观点，请将最符合您内心的选项

用阴影做标记或打√。

S：张华提供了如何解决他所提出问题的具体方案。

☐完全同意　　　☐同意　　　☐不确定　　　☐不同意
☐完全不同意

F：张华指出了现有方案可能造成的危害。

☐完全同意　　　☐同意　　　☐不确定　　　☐不同意
☐完全不同意

T：张华提出建议时，距离产品发布还有足够多的时间。

☐完全同意　　　☐同意　　　☐不确定　　　☐不同意
☐完全不同意

LK1：我喜欢张华这类员工。

☐完全同意　　　☐同意　　　☐不确定　　　☐不同意
☐完全不同意

LK2：我与张华这类员工相处得很好。

☐完全同意　　　☐同意　　　☐不确定　　　☐不同意
☐完全不同意

LK3：管理张华这类员工是一种享受。

☐完全同意　　　☐同意　　　☐不确定　　　☐不同意
☐完全不同意

LK4：我会想要和张华这样的人做朋友。

☐完全同意　　　☐同意　　　☐不确定　　　☐不同意
☐完全不同意

TP1：张华的建言行为会影响他人对我能力的肯定。

☐完全同意　　　☐同意　　　☐不确定　　　☐不同意
☐完全不同意

TP2：如果我的上司听到张华的建议，会认为我的计划有漏洞。

☐完全同意　　　☐同意　　　☐不确定　　　☐不同意
☐完全不同意

TP3：如果采纳张华的建议，我会在小组其他成员面前失去威信。

□完全同意　　　□同意　　　□不确定　　　□不同意
□完全不同意

TP4：如果采纳张华的建议，将会影响我的考核成绩。

□完全同意　　　□同意　　　□不确定　　　□不同意
□完全不同意

PL1：张华关心组织的利益。

□完全同意　　　□同意　　　□不确定　　　□不同意
□完全不同意

PL2：张华确实在思考对组织来说什么是重要的。

□完全同意　　　□同意　　　□不确定　　　□不同意
□完全不同意

PL3：张华将不遗余力地帮助组织。

□完全同意　　　□同意　　　□不确定　　　□不同意
□完全不同意

PL4：张华不会故意做对组织有害的事情。

□完全同意　　　□同意　　　□不确定　　　□不同意
□完全不同意

CP1：张华的建议非常有建设性。

□完全同意　　　□同意　　　□不确定　　　□不同意
□完全不同意

CP2：张华的建议会提高团队的绩效。

□完全同意　　　□同意　　　□不确定　　　□不同意
□完全不同意

CP3：张华的建议可以启发我进一步完善方案。

□完全同意　　　□同意　　　□不确定　　　□不同意
□完全不同意

AC1：我会把张华的建议反映给我的上司。

□完全同意　　　　□同意　　　　□不确定　　　　□不同意
□完全不同意

AC2：我会支持张华的建议。

□完全同意　　　　□同意　　　　□不确定　　　　□不同意
□完全不同意

AC3：我认为张华的建议可以实施。

□完全同意　　　　□同意　　　　□不确定　　　　□不同意
□完全不同意

EV1：张华的建议非常有价值。

□完全同意　　　　□同意　　　　□不确定　　　　□不同意
□完全不同意

EV2：如果将来有职位空缺，我会推荐张华。

□完全同意　　　　□同意　　　　□不确定　　　　□不同意
□完全不同意

EV3：如果张华被提拔，我们成了同级，我觉得他能够胜任其工作。

□完全同意　　　　□同意　　　　□不确定　　　　□不同意
□完全不同意

EV4：我认为张华的工作非常出色。

□完全同意　　　　□同意　　　　□不确定　　　　□不同意
□完全不同意

第二部分

本部分是个人基本资料，请您根据实际情况在相应的选项上用阴影做标记或打√。

D1. 您的性别：①男　②女

D2. 您的年龄：①25 岁以下　②26～35 岁　③36～45 岁　④45 岁以上

D3. 贵单位类型：①民企　②国企　③外企　④政府单位　⑤教

育机构　⑥其他

D4. 您在团队/部门是什么角色：①普通组员　②主管　③部门经理及以上

D5. 您的工作年限：①1 年及以下　②2～3 年　③3 年以上

本问卷至此结束，烦请您能再次检查本问卷所有题项，确保没有漏答之处。再次感谢您的合作！

问卷6

尊敬的先生/女士：

您好！谢谢您在百忙之中填答这份问卷，本次问卷是一份学术性的研究问卷，所有资料仅会作为学术项目之用。您的填答直接关系到本书结论的科学性，因此恳请您勿遗漏任何一题。

您的协助将有助于此项研究的深入开展，在此表示衷心感谢！

请您阅读以下背景材料，然后根据您的真实感受在下面每个问题所给出的答案中选择一个最符合您内心的选项。

某公司某项目小组要开发一种抗过敏用药，该项目组有 7 名成员，负责人叫李明，成员包括张华等 6 人。他们要对产品的设计、包装以及营销负责。

经过两个多月努力，完成了产品设计，营销活动也将开始启动，且已有了药品管理局的批文。因此，产品将会在 1 周内推出。

在今天的项目小组会议上，组员张华向负责人李明提出如下建议：

"我觉得配色方案、药品大小，甚至是包装都不太合适。如果不重视这些方面的问题，会影响产品的推广，失去一部分消费者。"

第一部分

如果您是负责人李明，对于下列观点，请将最符合您内心的选项

用阴影做标记或打√。

S：张华提供了如何解决他所提出问题的具体方案。

□完全同意　　　　□同意　　　　□不确定　　　　□不同意
□完全不同意

F：张华指出了现有方案可能造成的危害。

□完全同意　　　　□同意　　　　□不确定　　　　□不同意
□完全不同意

T：张华提出建议时，距离产品发布还有足够多的时间。

□完全同意　　　　□同意　　　　□不确定　　　　□不同意
□完全不同意

LK1：我喜欢张华这类员工。

□完全同意　　　　□同意　　　　□不确定　　　　□不同意
□完全不同意

LK2：我与张华这类员工相处得很好。

□完全同意　　　　□同意　　　　□不确定　　　　□不同意
□完全不同意

LK3：管理张华这类员工是一种享受。

□完全同意　　　　□同意　　　　□不确定　　　　□不同意
□完全不同意

LK4：我会想要和张华这样的人做朋友。

□完全同意　　　　□同意　　　　□不确定　　　　□不同意
□完全不同意

TP1：张华的建言行为会影响他人对我能力的肯定。

□完全同意　　　　□同意　　　　□不确定　　　　□不同意
□完全不同意

TP2：如果我的上司听到张华的建议，会认为我的计划有漏洞。

□完全同意　　　　□同意　　　　□不确定　　　　□不同意
□完全不同意

TP3：如果采纳张华的建议，我会在小组其他成员面前失去威信。

☐完全同意　　　☐同意　　　☐不确定　　　☐不同意
☐完全不同意

TP4：如果采纳张华的建议，将会影响我的考核成绩。

☐完全同意　　　☐同意　　　☐不确定　　　☐不同意
☐完全不同意

PL1：张华关心组织的利益。

☐完全同意　　　☐同意　　　☐不确定　　　☐不同意
☐完全不同意

PL2：张华确实在思考对组织来说什么是重要的。

☐完全同意　　　☐同意　　　☐不确定　　　☐不同意
☐完全不同意

PL3：张华将不遗余力地帮助组织。

☐完全同意　　　☐同意　　　☐不确定　　　☐不同意
☐完全不同意

PL4：张华不会故意做对组织有害的事情。

☐完全同意　　　☐同意　　　☐不确定　　　☐不同意
☐完全不同意

CP1：张华的建议非常有建设性。

☐完全同意　　　☐同意　　　☐不确定　　　☐不同意
☐完全不同意

CP2：张华的建议会提高团队的绩效。

☐完全同意　　　☐同意　　　☐不确定　　　☐不同意
☐完全不同意

CP3：张华的建议可以启发我进一步完善方案。

☐完全同意　　　☐同意　　　☐不确定　　　☐不同意
☐完全不同意

AC1：我会把张华的建议反映给我的上司。

☐完全同意　　　　☐同意　　　　☐不确定　　　　☐不同意

☐完全不同意

AC2：我会支持张华的建议。

☐完全同意　　　　☐同意　　　　☐不确定　　　　☐不同意

☐完全不同意

AC3：我认为张华的建议可以实施。

☐完全同意　　　　☐同意　　　　☐不确定　　　　☐不同意

☐完全不同意

EV1：张华的建议非常有价值。

☐完全同意　　　　☐同意　　　　☐不确定　　　　☐不同意

☐完全不同意

EV2：如果将来有职位空缺，我会推荐张华。

☐完全同意　　　　☐同意　　　　☐不确定　　　　☐不同意

☐完全不同意

EV3：如果张华被提拔，我们成了同级，我觉得他能够胜任其工作。

☐完全同意　　　　☐同意　　　　☐不确定　　　　☐不同意

☐完全不同意

EV4：我认为张华的工作非常出色。

☐完全同意　　　　☐同意　　　　☐不确定　　　　☐不同意

☐完全不同意

第二部分

本部分是个人基本资料，请您根据实际情况在相应的选项上用阴影做标记或打√。

D1. 您的性别：①男　②女

D2. 您的年龄：①25 岁以下　②26～35 岁　③36～45 岁　④45 岁以上

D3. 贵单位类型：①民企　②国企　③外企　④政府单位　⑤教

育机构　⑥其他

D4.您在团队/部门是什么角色：①普通组员　②主管　③部门
经理及以上

D5.您的工作年限：①1年及以下　②2～3年　③3年以上

本问卷至此结束，烦请您能再次检查本问卷所有题项，确保没有
漏答之处。再次感谢您的合作！

问卷7

尊敬的先生/女士：

您好！谢谢您在百忙之中填答这份问卷，本次问卷是一份学术性
的研究问卷，所有资料仅会作为学术项目之用。您的填答直接关系到
本书结论的科学性，因此恳请您勿遗漏任何一题。

您的协助将有助于此项研究的深入开展，在此表示衷心感谢！

请您阅读以下背景材料，然后根据您的真实感受在下面每个问题
所给出的答案中选择一个最符合您内心的选项。

某公司某项目小组要开发一种抗过敏用药，该项目组有7名成
员，负责人叫李明，成员包括张华等6人。他们要对产品的设计、包
装以及营销负责。

经过两个多月努力，完成了产品设计，营销活动也将开始启动，
且已经有了药品管理局的批文。因此，产品将会在1周内推出。

在今天的项目小组会议上，组员张华向负责人李明提出如下建议：

"我觉得配色方案、药品大小，甚至是包装都不太合适。如果有
效解决了配色方案、包装盒、药片大小和瓶子的问题，我认为可以大
大提高市场占有率。"

第一部分

如果您是负责人李明，对于下列观点，请将最符合您内心的选项

用阴影做标记或打√。

S：张华提供了如何解决他所提出问题的具体方案。

□完全同意　　　□同意　　　□不确定　　　□不同意
□完全不同意

F：张华指出了改进现有方案带来的好处。

□完全同意　　　□同意　　　□不确定　　　□不同意
□完全不同意

T：张华提出建议时，距离产品发布还有足够多的时间。

□完全同意　　　□同意　　　□不确定　　　□不同意
□完全不同意

LK1：我喜欢张华这类员工。

□完全同意　　　□同意　　　□不确定　　　□不同意
□完全不同意

LK2：我与张华这类员工相处得很好。

□完全同意　　　□同意　　　□不确定　　　□不同意
□完全不同意

LK3：管理张华这类员工是一种享受。

□完全同意　　　□同意　　　□不确定　　　□不同意
□完全不同意

LK4：我会想要和张华这样的人做朋友。

□完全同意　　　□同意　　　□不确定　　　□不同意
□完全不同意

TP1：张华的建言行为会影响他人对我能力的肯定。

□完全同意　　　□同意　　　□不确定　　　□不同意
□完全不同意

TP2：如果我的上司听到张华的建议，会认为我的计划有漏洞。

□完全同意　　　□同意　　　□不确定　　　□不同意
□完全不同意

TP3：如果采纳张华的建议，我会在小组其他成员面前失去威信。

□完全同意　　　　□同意　　　　□不确定　　　　□不同意
□完全不同意

TP4：如果采纳张华的建议，将会影响我的考核成绩。

□完全同意　　　　□同意　　　　□不确定　　　　□不同意
□完全不同意

PL1：张华关心组织的利益。

□完全同意　　　　□同意　　　　□不确定　　　　□不同意
□完全不同意

PL2：张华确实在思考对组织来说什么是重要的。

□完全同意　　　　□同意　　　　□不确定　　　　□不同意
□完全不同意

PL3：张华将不遗余力地帮助组织。

□完全同意　　　　□同意　　　　□不确定　　　　□不同意
□完全不同意

PL4：张华不会故意做对组织有害的事情。

□完全同意　　　　□同意　　　　□不确定　　　　□不同意
□完全不同意

CP1：张华的建议非常有建设性。

□完全同意　　　　□同意　　　　□不确定　　　　□不同意
□完全不同意

CP2：张华的建议会提高团队的绩效。

□完全同意　　　　□同意　　　　□不确定　　　　□不同意
□完全不同意

CP3：张华的建议可以启发我进一步完善方案。

□完全同意　　　　□同意　　　　□不确定　　　　□不同意
□完全不同意

AC1：我会把张华的建议反映给我的上司。

□完全同意　　　□同意　　　□不确定　　　□不同意
□完全不同意

AC2：我会支持张华的建议。

□完全同意　　　□同意　　　□不确定　　　□不同意
□完全不同意

AC3：我认为张华的建议可以实施。

□完全同意　　　□同意　　　□不确定　　　□不同意
□完全不同意

EV1：张华的建议非常有价值。

□完全同意　　　□同意　　　□不确定　　　□不同意
□完全不同意

EV2：如果将来有职位空缺，我会推荐张华。

□完全同意　　　□同意　　　□不确定　　　□不同意
□完全不同意

EV3：如果张华被提拔，我们成了同级，我觉得他能够胜任其工作。

□完全同意　　　□同意　　　□不确定　　　□不同意
□完全不同意

EV4：我认为张华的工作非常出色。

□完全同意　　　□同意　　　□不确定　　　□不同意
□完全不同意

第二部分

本部分是个人基本资料，请您根据实际情况在相应的选项上用阴影做标记或打√。

D1. 您的性别：①男　②女

D2. 您的年龄：①25 岁以下　②26～35 岁　③36～45 岁　④45 岁以上

D3. 贵单位类型：①民企　②国企　③外企　④政府单位　⑤教

育机构　⑥其他

D4. 您在团队/部门是什么角色：①普通组员　②主管　③部门
经理及以上

D5. 您的工作年限：①1 年及以下　②2～3 年　③3 年以上

本问卷至此结束，烦请您能再次检查本问卷所有题项，确保没有
漏答之处。再次感谢您的合作！

问卷 8

尊敬的先生/女士：

您好！谢谢您在百忙之中填答这份问卷，本次问卷是一份学术性
的研究问卷，所有资料仅会作为学术项目之用。您的填答直接关系到
本书结论的科学性，因此恳请您勿遗漏任何一题。

您的协助将有助于此项研究的深入开展，在此表示衷心感谢！

请您阅读以下背景材料，然后根据您的真实感受在下面每个问题
所给出的答案中选择一个最符合您内心的选项。

某公司某项目小组要开发一种抗过敏用药，该项目组有 7 名成
员，负责人叫李明，成员包括张华等 6 人。他们要对产品的设计、包
装以及营销负责。

现产品和包装设计工作已步入正轨，离产品正式发布还有 3 个
月。经过前期努力，已通过了药品管理局的审批，同时在产品设计、
外观、包装、营销方案设计方面都有很大进展。

在今天的项目小组会议上，组员张华向负责人李明提出如下建议：

"我觉得配色方案、药品大小，甚至是包装都不太合适。如果有
效解决了配色方案、包装盒、药片大小和瓶子的问题，我认为可以大
大提高市场占有率。"

第一部分

如果您是负责人李明，对于下列观点，请将最符合您内心的选项

用阴影做标记或打√。

S：张华提供了如何解决他所提出问题的具体方案。

☐完全同意　　　☐同意　　　☐不确定　　　☐不同意
☐完全不同意

F：张华指出了改进现有方案带来的好处。

☐完全同意　　　☐同意　　　☐不确定　　　☐不同意
☐完全不同意

T：张华提出建议时，距离产品发布还有足够多的时间。

☐完全同意　　　☐同意　　　☐不确定　　　☐不同意
☐完全不同意

LK1：我喜欢张华这类员工。

☐完全同意　　　☐同意　　　☐不确定　　　☐不同意
☐完全不同意

LK2：我与张华这类员工相处得很好。

☐完全同意　　　☐同意　　　☐不确定　　　☐不同意
☐完全不同意

LK3：管理张华这类员工是一种享受。

☐完全同意　　　☐同意　　　☐不确定　　　☐不同意
☐完全不同意

LK4：我会想要和张华这样的人做朋友。

☐完全同意　　　☐同意　　　☐不确定　　　☐不同意
☐完全不同意

TP1：张华的建言行为会影响他人对我能力的肯定。

☐完全同意　　　☐同意　　　☐不确定　　　☐不同意
☐完全不同意

TP2：如果我的上司听到张华的建议，会认为我的计划有漏洞。

☐完全同意　　　☐同意　　　☐不确定　　　☐不同意
☐完全不同意

TP3：如果采纳张华的建议，我会在小组其他成员面前失去威信。

☐完全同意 ☐同意 ☐不确定 ☐不同意
☐完全不同意

TP4：如果采纳张华的建议，将会影响我的考核成绩。

☐完全同意 ☐同意 ☐不确定 ☐不同意
☐完全不同意

PL1：张华关心组织的利益。

☐完全同意 ☐同意 ☐不确定 ☐不同意
☐完全不同意

PL2：张华确实在思考对组织来说什么是重要的。

☐完全同意 ☐同意 ☐不确定 ☐不同意
☐完全不同意

PL3：张华将不遗余力地帮助组织。

☐完全同意 ☐同意 ☐不确定 ☐不同意
☐完全不同意

PL4：张华不会故意做对组织有害的事情。

☐完全同意 ☐同意 ☐不确定 ☐不同意
☐完全不同意

CP1：张华的建议非常有建设性。

☐完全同意 ☐同意 ☐不确定 ☐不同意
☐完全不同意

CP2：张华的建议会提高团队的绩效。

☐完全同意 ☐同意 ☐不确定 ☐不同意
☐完全不同意

CP3：张华的建议可以启发我进一步完善方案。

☐完全同意 ☐同意 ☐不确定 ☐不同意
☐完全不同意

AC1：我会把张华的建议反映给我的上司。

□完全同意　　　　□同意　　　　□不确定　　　　□不同意
□完全不同意

AC2：我会支持张华的建议。

□完全同意　　　　□同意　　　　□不确定　　　　□不同意
□完全不同意

AC3：我认为张华的建议可以实施。

□完全同意　　　　□同意　　　　□不确定　　　　□不同意
□完全不同意

EV1：张华的建议非常有价值。

□完全同意　　　　□同意　　　　□不确定　　　　□不同意
□完全不同意

EV2：如果将来有职位空缺，我会推荐张华。

□完全同意　　　　□同意　　　　□不确定　　　　□不同意
□完全不同意

EV3：如果张华被提拔，我们成了同级，我觉得他能够胜任其工作。

□完全同意　　　　□同意　　　　□不确定　　　　□不同意
□完全不同意

EV4：我认为张华的工作非常出色。

□完全同意　　　　□同意　　　　□不确定　　　　□不同意
□完全不同意

第二部分

本部分是个人基本资料，请您根据实际情况在相应的选项上用阴影做标记或打√。

D1. 您的性别：①男　②女

D2. 您的年龄：①25岁以下　②26～35岁　③36～45岁　④45岁以上

D3. 贵单位类型：①民企　②国企　③外企　④政府单位　⑤教

育机构　⑥其他

D4. 您在团队/部门是什么角色：①普通组员　②主管　③部门经理及以上

D5. 您的工作年限：①1 年及以下　②2～3 年　③3 年以上

本问卷至此结束，烦请您能再次检查本问卷所有题项，确保没有漏答之处。再次感谢您的合作！

参 考 文 献

中文部分

[1] 陈春花. 中国领先企业的管理方式研究 [J]. 华南理工大学学报（社会科学版），2009，11（2）：43－46.

[2] 陈莹莹. 员工建言能获得好的绩效评价吗？——基于上级取向的影响作用 [D]. 厦门：厦门大学，2014.

[3] 邓今朝. 团队成员目标取向与建言行为的关系：一个跨层次分析 [J]. 南开管理评论，2010，13（5）：12－20.

[4] 段锦云. 中国背景下建言行为研究：结构、形成机制及影响 [J]. 心理科学进展. 2011，19（2）：185－192.

[5] 段锦云，傅强，田晓明，孔瑜. 情感事件理论的内容、应用及研究展望 [J]. 心理科学进展，2011，19（4），599－607.

[6] 段锦云，孙飞，田晓明. 员工建言行为和沉默行为之间的关系研究述评 [J]. 苏州大学学报：哲学社会科学版，2012，32（6）：64－69.

[7] 段锦云，王重鸣，钟建安. 大五和组织公平感对进谏行为的影响研究 [J]. 心理科学，2007，30（1）：19－22.

[8] 段锦云，魏秋江. 建言效能感结构及其在员工建言行为发生中的作用 [J]. 心理学报，2012，44（7）：972－985.

[9] 段锦云，张倩. 建言行为的认知影响因素、理论基础及发生机制 [J]. 心理科学进展，2012，20（1）：115－126.

[10] 段锦云，钟建安. 工作满意感与建言行为的关系探索：组

织承诺的缓冲影响 [J]. 管理工程学报，2012，26 (1)：170 - 174.

[11] 冯明，李聪. 国有企业员工印象管理与职业生涯成功的关系研究——政治技能的调节作用 [J]. 中国软科学，2010，12：115 - 124.

[12] 傅强，段锦云，田晓明. 员工建言行为的情绪机制：一个新的探索视角 [J]. 心理科学进展，2012，20 (2)：274 - 282.

[13] 管瑶. 心理契约，组织信任与员工沉默关系实证研究 [D]. 天津：天津财经大学，2012.

[14] 郭晓薇，李成彦. 印象管理对组织公民行为的预测作用的实证研究 [J]. 心理科学，2005，28 (2)：480 - 482.

[15] 何轩. 互动公平真的就能治疗"沉默"病吗？——以中庸思维作为调节变量的本土实证研究 [J]. 管理世界，2009 (4)：128 - 134.

[16] 侯杰泰，温忠麟，成子娟，张雷. 结构方程模型及其应用 [M]. 北京：教育科学出版社，2004，07.

[17] 胡竹菁，戴海琦. 方差分析统计检验力和效果大小的常用方法比较 [J]. 心理学探新. 2011，31 (3)：254 - 259.

[18] 黄光国，胡先缙. 人情与面子：中国人的权力游戏 [M]. 北京：中国人民大学出版社，2010.

[19] 姜定宇，郑伯壎，任金刚，黄政玮. 组织忠诚——本土化的建构与测量 [J]. 本土心理学研究，2003 (19)，273 - 337.

[20] 李辉，饶培伦，陈翠玲. 沟通语音与沟通风格对决策者接受建议的影响 [J]. 科技导报，2013，31 (26)：23 - 29.

[21] 李锐，凌文辁，方俐洛. 上司支持感知对下属建言行为的影响及其作用机制 [J]. 中国软科学，2010，4：106 - 115.

[22] 李锐，凌文辁，柳士顺. 上司不当督导对下属建言行为的影响及其作用机制 [J]. 心理学报，2009 (12)：1189 - 1202.

[23] 李纾，房永青，张迅捷. 再探框架对风险决策行为的影响 [J]. 心理学报，2000，32 (2)：229 - 234.

［24］李岩梅，刘长江，李纾. 认知、动机、情感因素对谈判行为的影响 ［J］. 心理科学进展，2007，15（3）：511－517.

［25］李跃然，李纾. 决策者—建议者系统模型的回顾与前瞻 ［J］. 心理科学进展，2009，17（5）：1026－1032.

［26］梁建，唐京. 员工合理化建议的多层次分析：来自本土连锁超市的证据 ［J］. 南开管理评论，2009，（3）：125－133.

［27］梁建. 道德领导与员工建言：一个调节—中介模型的构建与检验 ［J］. 心理学报，2014，46（2）：252－264.

［28］梁颖. 组织中员工沉默的内容结构及其相关研究 ［D］. 广州：暨南大学，2009.

［29］林语堂. 中国人 ［M］. 郝志东，译. 北京：学林出版社，1994.

［30］凌斌，段锦云，朱月龙. 害羞与进谏行为的关系：管理开放性与心理授权的调节作用 ［J］. 应用心理学，2010，16（3）：235－242.

［31］刘小禹，刘军，于广涛. 初始信念、组织诱引对员工心理契约变化的影响 ［J］. 心理学报，2008，40（1）：64－73.

［32］刘秀华. 组织印象管理及其相关研究初探 ［D］. 硕士论文. 河南：河南大学，2011.

［33］卢长宝，黄彩凤. 决策双系统理论在促销决策研究中的运用 ［J］. 北京工商大学学报：社会科学版，2012（4）：51－58.

［34］卢纹岱. SPSS for Windows——统计分析 ［M］. 北京：电子工业出版社，2006，06.

［35］邱扶东，吴明证. 认知方式与消极情绪对旅游决策影响的实验研究 ［J］. 心理科学，2005，28（5）：1112－1114.

［36］邱皓政. 当 PLS 遇上 SEM：议题与对话 ［J］. $\alpha\beta\gamma$ 量化研究学刊. 2011，3（1）：20－53.

［37］邱皓政，林碧芳. 结构方程模型的原理与应用 ［M］. 北京：

中国轻工业出版社，2012.02.

[38] 翟学伟．中国人脸面观的同质性与异质性［J］．载《中国人行动的逻辑》，社会科学文献出版社，2001.

[39] 孙彦，李纾，殷晓莉．决策与推理的双系统——启发式系统和分析系统［J］．心理科学进展，2007，15 (5)：721 - 845.

[40] 孙彦玲，张丽华．工作不满意时员工的行为选择：经济承诺和理想承诺的影响［J］．首都经济贸易大学学报，2012 (3)：29 - 35.

[41] 田晓明，王先辉，段锦云．组织建言氛围的概念，形成机理及未来展望［J］．苏州大学学报：哲学社会科学版，2012，32 (6)：52 - 58.

[42] 佟丽君，吕娜．组织公正，心理授权与员工进谏行为的关系研究［J］．心理科学，2009 (5)：1067 - 1069.

[43] 王二博．企业员工进谏行为及其影响因素研究［D］．开封：河南大学，2007.

[44] 王洪利．风险决策中时间压力影响的理论分析［J］．统计与决策，2010，11，21 - 23.

[45] 王凯．突发事件下决策者的框架效应研究［D］．杭州：浙江大学，2010.

[46] 汪林，储小平，黄嘉欣，等．与高层领导的关系对经理人"建言"的影响机制——来自本土家族企业的经验证据［J］．管理世界，2010 (5)：108 - 117.

[47] 魏昕，张志学．组织中为什么缺乏抑制性进言［J］．管理世界，2010，10：99 - 109.

[48] 温忠麟，侯杰泰，张雷．调节效应与中介效应的比较和应用［J］．心理学报，2005，37 (2)：268 - 274.

[49] 吴隆增，曹昆鹏，陈苑仪，唐贵瑶．变革型领导行为对员工建言行为的影响研究［J］．管理学报，2011，8 (1)：61 - 80.

[50] 吴明隆．SPSS统计应用实务：问卷分析与应用统计［M］.

北京：科学出版社，2003：79-84.

[51] 吴明隆. SPSS 统计应用实务 [M]. 北京：中国铁道出版社，2000，09.

[52] 叶浩生. 西方心理学理论与流派 [M]. 广州：广东高等教育出版社，2004，08.

[53] 西蒙. 管理行为 [M]. 北京：商务印书馆，1993.

[54] 西蒙. 管理决策的新科学 [M]. 北京：商务印书馆，1997.

[55] 徐惊蛰，谢晓非. 决策过程中的建议采纳 [J]. 心理科学进展，2009，17（5）：1016-1025.

[56] 严晓辉. 员工建言的影响因素及对策 [J]. 江苏商论，2011，9：140-142.

[57] 杨斌，陈坤. 面向中国管理实践的组织与人力资源管理：反思与探索 [J]. 管理学报，2012，9（9）.

[58] 杨继平，郑建军. 情绪对危机决策质量的影响 [J]. 心理学报，2009，41（5）：400-410.

[59] 于静静，赵曙明. 员工建言行为研究前沿探析与未来展望 [J]. 外国经济与管理，2013，35（5）：23-30.

[60] 张春梅，李晏墅，李晋. 基于建言者行为绩效的现代评价机理研究 [J]. 福建论坛：人文社会科学版，2013（8）：31-35.

[61] 张春兴. 心理学思想的流变——心理学名人传 [M]. 上海：上海教育出版社，2002.

[62] 张风华，曾建敏，张庆林. 框架效应：情感的启发式 [J]. 心理科学，2010，33（6）：1375-1380.

[63] 张洁. 不同决策任务下的建议接受与判断——集体主义和个人主义的影响探索 [D]. 杭州：浙江大学，2010.

[64] 张戌凡，周路路，赵曙明. 组织公平组合与员工沉默行为关系的实证研究 [J]. 管理学报，2013，10（5）：693-699.

[65] 曾春燕. 知识型员工心理契约违背对其进谏行为的影响

[D]. 广州：华南理工大学，2011.

[66] 郑伯壎，姜定宇. 华人企业组织中的忠诚 [M]. 见杨中芳，杨国枢（主编），华人本土心理学（pp. 789 – 831）. 台北：桂冠，2005.

[67] 郑晓涛，柯江林，石金涛，等. 中国背景下员工沉默的测量以及信任对其的影响 [J]. 心理学报，2008，40 (2)：219 – 227.

[68] 郑洁. 关于接受建议影响因素的实验研究 [D]. 苏州：苏州大学，2008.

[69] 钟建安，张洁. 决策中的建议接受和判断 [J]. 应用心理学，2009，15 (4)：329 – 333.

[70] 庄锦英. 情绪、边框影响决策认知过程的实验研究 [J]. 心理科学，2004，27 (6)：1340 – 1343.

[71] 庄锦英. 情绪与决策的关系 [J]. 心理科学进展，2003，11 (4)：423 – 431.

[72] 周建涛，廖建桥. 为何中国员工偏好沉默——威权领导对员工建言的消极影响 [J]. 商业经济与管理. 2012 (11)：71 – 81.

[73] 周浩，龙立荣. 家长式领导影响下属建言行为的多层次模型 [J]. 苏州大学学报：哲学社会科学版，2012，32 (6)：59 – 63.

[74] 周浩. 充耳不闻与从谏如流：建议采择研究述评 [J]. 四川大学学报：哲学社会科学版，2012 (4)：105 – 111.

[75] 周文娟，段锦云，朱月龙. 组织中的助人行为：概念界定，影响因素与结果 [J]. 心理研究，2013，6 (1)：59 – 65.

英文部分

[1] Aasland M S, Skogstad A, Notelaers G, et al. The Prevalence of Destructive Leadership Behaviour [J]. British Journal of Management, 2010, 21 (2)：438 – 452.

[2] Adam D. Galinsky, Joe C. Magee, et al. Power Reduces the Press of the Situation：Implications for Creativity, Conformity, and Dissonance

［J］. Journal of Personality and Social Psychology, 2008, 95 (6): 1450 – 1466.

［3］ Alannah E. Rafferty and Simon Lloyd D. Restubog . The influence of abusive supervisors on followers' organizational citizenship behaviors: The hidden costs of abusive supervision ［J］. British Journal of Management, 2011, 22 (2): 270 – 285.

［4］ Albers S. PLS and success factor studies in marketing ［M］// Handbook of Partial Least Squares. Springer Berlin Heidelberg, 2010: 409 – 425.

［5］ Allen T D, Rush M C. The effects of organizational citizenship behavior on performance judgments: a field study and a laboratory experiment ［J］. J Appl Psychol, 1998, 83 (2): 247 – 260.

［6］ Ashford S J, Rothbard N P, Piderit S K, et al. Out on a limb: The role of context and impression management in selling gender-equity issues ［J］. Administrative Science Quarterly, 1998, 43 (1): 23 – 57.

［7］ Ashforth B E, Humphrey R H. Emotion in the workplace: A reappraisal ［J］. Human relations, 1995, 48 (2): 97 – 125.

［8］ Bagozzi, R. P., Yi, Y., On the Evaluation of Structural Equation Models ［J］. Journal of Academy of Marketing Science, 1988, 16 (1), 74 – 94.

［9］ Barclay, D. W., H iggins, C. A., & Thompson, R. The partial least squares approach to causal modeling: Personal computer adoption and use as illustration ［J］. Technology Studies, 1995, 2, 285 – 309.

［10］ Barlow D H. Anxiety and its disorders: The nature and treatment of anxiety and panic ［M］. New York: Guilford Press, 1988.

［11］ Bechara A, Damasio H, Tranel D, et al. Deciding Advantageously Before Knowing the Advantageous Strategy ［J］. Science, 1997, 275 (5304): 1293 – 1295.

［12］ Bentler, P. M. EQS structural equations program manual ［M］. CA: Multivariate Software. 1995.

［13］ Bentler P M, Chou C P. Practical issues in structural modeling ［J］. Sociological Methods & Research, 1987, 16 (1): 78 –117.

［14］ Blau, P. M. The Dynamics of Bureaucracy ［J］. University of Chicago Press, Chicago, IL. 1955.

［15］ Bolino M C. Citizenship and Impression Management: Good Soldiers or Good Actors? ［J］. Academy of Management Review, 1999, 24 (1): 82 –98.

［16］ Bonaccio S, Dalal R S. Advice taking and decision-making: An integrative literature review, and implications for the organizational sciences ［J］. Organizational Behavior & Human Decision Processes, 2006, 101 (2): 127 –151.

［17］ Botero I C and Van Dyne L. Employee voice behavior: interactive effects of LMX and power distance in the United States and Colombia ［J］. Management Communication Quarterly, 2009, 23 (1): 84 –104.

［18］ Browne, M. E. & Cudeck, R. Alternative ways of assessing model fit ［M］. In K. A. Bollen & J. S. Long (eds.), Testing structural equation models. Newbury Park, CA: Sage, 1993: 136 –25.

［19］ Bowen, F. Blaecmon K. Spirals of silence: the dynamic effects of diversity on organizational voice ［J］. Journal of Management Studies, 2003, 40 (6): 1393 –1417.

［20］ Burris E R. The risk and rewards of speaking up: managerial responses to employee voice ［J］. Academy of Management Journal, 2012, 55 (4): 851 –875.

［21］ Cardy, R. L., & Dobbins, G. H. Performance appraisal: The influence of liking on cognition ［J］. Advances in Managerial Cognition and Organizational Information Processing, 1994 (5): 115 – 140.

［22］ Carmines E G, McIver J P. Analyzing models with unobserved variables: Analysis of covariance structures ［J］. Social measurement: Current issues, 1981 (10): 65 – 115.

［23］ Choi, J. N. Change-oriented organizational citizenship behavior: effects of work environment characteristics and intervening psychological processes ［J］. Journal of Organizational Behavior, 2007, 28 (4): 467 – 484.

［24］ Chiaburu D S, Marinova S V, Van Dyne L. Should I do it or not? An initial model of cognitive processes predicting voice behaviors ［J］. Academy of Management, 2008 (1): 1 – 6.

［25］ Cohen J. Statistical Power Analysis and Research Results ［J］. American Educational Research Journal, 1973, 10 (3): 225 – 229.

［26］ Cohen J. Statistical power analysis for the behavior sciences ［M］. New Yoak: Psychology Press, 1988.

［27］ Colquitt J A, Scott B A, Lepine J A. Trust, trustworthiness, and trust propensity: a meta-analytic test of their unique relationships with risk taking and job performance ［J］. Journal of Applied Psychology, 2007, 92 (4): 909.

［28］ Dalal, Reeshad S& Bonaccio . What types of advice do decision-makers prefer? ［J］. Organizational Behavior & Human Decision Processes, 2010, 112 (1): 11 – 23.

［29］ Dan Farrell, Caryl E. Rusbult. Exploring the exit, voice, loyalty, and neglect typology: the influence of job satisfaction, quality of alternatives, and investment size ［J］. Employee Responsibilities and Rights Journal, 1992, 5 (3): 201 – 218.

［30］ Danziger S, Montal R, Barkan R. Idealistic advice and pragmatic choice: A psychological distance account ［J］. Journal of Personality and Social Psychology, 2012, 102 (6): 1105.

[31] Denisi A S, Cafferty T P, Meglino B M. A cognitive view of the performance appraisal process: A model and research propositions [J]. Organizational Behavior & Human Performance, 1984, 33 (3): 360 – 396.

[32] Derek R A. Disentangling the effects of voice: The incremental roles of opportunity, behavior, and instrumentality in predicting procedural fairness [J]. Journal of Applied Psychology, 2002, (1): 81 – 86.

[33] Detert J. , Burris E. Leadership Behavior and Employee Voice: is the Door Really Open? [J] Academy of Management Journal, 2007, 50 (4): 869 – 884.

[34] Detert J R, Edmondson A C. Implicit voice theories: Taken-for-granted rules of self-censorship at work [J]. Academy of Management Journal, 2011, 54 (3): 461 – 488.

[35] Donaghey J, Cullinane N, Dundon T, et al. Reconceptualising employee silence problems and prognosis [J]. Work, Employment & Society, 2011, 25 (1): 51 – 67.

[36] Duchon D, Dunegan K J, Barton S L. Framing the problem and making decisions: the facts are not enough [J]. IEEE Transactions on Engineering Management, 1989, 36 (1): 25 – 27.

[37] Dundon, T. , & Gollan, P. J. Re-conceptualizing voice in the non-union workplace [J]. International Journal of Human Resource Management, 2007, 18 (7): 1182 – 1198.

[38] Dunegan K J. Framing, cognitive modes, and image theory: Toward an understanding of a glass half full [J]. Journal of Applied Psychology, 1993, 78 (3): 491 – 503.

[39] Dunegan K J. Image Theory: Testing the Role of Image Compatibility in Progress Decisions [J]. Organizational Behavior & Human Decision Processes, 1995, 62 (1): 79 – 86.

［40］Dutton J E, Ashford S J. Selling issues to top management ［J］. Academy of Management Review, 1993, 18 （3）: 397 - 428.

［41］Dutton J E, Ashford S J, Lawrence K A, et al. Red Light, Green Light: Making Sense of the Organizational Context for Issue Selling ［J］. Organization Science, 2002, 13 （4）: 355 - 369.

［42］Dutton J E, Ashford S J, O'Neill R M, et al. Moves That Matter: Issue Selling and Organizational Change ［J］. Academy of Management Journal, 2001, 44 （4）: 716 - 736.

［43］Dyne L V, Ang S, Botero I C. Conceptualizing employee silence and employee voice as multidimensional constructs ［J］. Journal of Management Studies, 2003, 40 （6）: 1359 - 1392.

［44］Ethan R. Burris, James R. Detert. Quitting before leaving: the mediating effects of psychological attachment and detachment on voice ［J］. Journal of Applied Psychology, 2008, 93 （4）: 912 - 922.

［45］Ethan R. Burris, James R. Detert, Alexander C. Romney. Speaking up vs. being heard: the disagreement around and outcomes of employee voice ［J］. Organization Science, 2013, 24 （1）: 22 - 38.

［46］Farh J L, Zhong C B, Organ D W. Organizational citizenship behavior in the People's Republic of China ［J］. Organization Science, 2004, 15 （2）: 241 - 253.

［47］Farrell D, Rusbult C E. Understanding the retention function: a model of the causes of exit, voice, loyalty and neglect behaviors ［J］. The Personnel Administrator, 1985, 30 （4）: 129 - 136.

［48］Fiske S T. Social cognition and affect ［J］. Cognition, social behavior, and the environment, 1981: 227 - 264.

［49］Ford C, Sullivan D M. A time for everything: How the timing of novel contributions influences project team outcomes ［J］. Journal of Organizational Behavior, 2004, 25 （2）: 279 - 292.

[50] Fornell C, Bookstein F L. Two structural equation models: LIS-REL and PLS applied to consumer exit-voice theory [J]. Journal of Marketing Research, 1982, 19 (4): 440 – 452.

[51] Frazier M L, Bowler W M. Voice climate, supervisor undermining, and work outcomes: A group-level examination [J]. Journal of Management Official Journal of the Southern Management Association, 2015, 41 (3): 841 – 863.

[52] Frese M, Fay D. 4. Personal initiative: An active performance concept for work in the 21st century [J]. Research in Organizational Behavior, 2001, 23 (2): 133 – 187.

[53] Galinsky A D, Maddux W W, Gilin D, et al. Why it pays to get inside the head of your opponent the differential effects of perspective taking and empathy in negotiations [J]. Psychological Science, 2008, 19 (4): 378 – 384.

[54] Galinsky A D, Mussweiler T. First offers as anchors: the role of perspective-taking and negotiator focus [J]. J Pers Soc Psychol, 2001, 81 (4): 657 – 669.

[55] Gao L, Janssen O, Shi K. Leader trust and employee voice: The moderating role of empowering leader behaviors [J]. The Leadership Quarterly, 2011, 22 (4): 787 – 798.

[56] Gardner P H, Berry D C. The effect of different forms of advice on the control of a simulated complex system [J]. Applied Cognitive Psychology, 2010, 9 (7): S55 – S79.

[57] Götz O, Liehr – Gobbers K, Krafft M. Evaluation of structural equation models using the partial least squares (PLS) approach [M]// Handbook of partial least squares. Springer Berlin Heidelberg, 2010: 691 – 711.

[58] Gersick C J G. Time and Transition in Work Teams: Toward a

New Model of Group Development [J]. Academy of Management Journal, 1988, 31 (1): 9 -41.

[59] Gersick C J G. Marking Time: Predictable Transitions in Task Groups [J]. Academy of Management Journal, 1989, 32 (2): 274 -309.

[60] Gibbons A M, Sniezek J A, Dalal R S. Antecedents and consequences of unsolicited versus explicitly solicited advice [C]// D. Budescu (Chair), Symposium in Honor of Janet Sniezek. Symposium presented at the annual meeting of the society for judgment and decision making, Vancouver, BC. 2003.

[61] Gino F, Schweitzer M E. Blinded by anger or feeling the love: how emotions influence advice taking [J]. Journal of Applied Psychology, 2008, 93 (5): 1165 -1173.

[62] Gorden, W. I. Range of employee voice [J]. Employee Responsibilities and Rights Journal, 1988 (1): 283 -299.

[63] Graham J W. An essay on organizational citizenship behavior [J]. Employee Responsibilities & Rights Journal, 1991, 4 (4): 249 -270.

[64] Graham, J. & Van Dyne, L. Gathering information and exercising influence: Two forms of civic virtue organizational citizenship behavior [J]. Employee Responsibilities and Rights Journal, 2006, 18 (2), 89 - 109.

[65] Grant A M. Does intrinsic motivation fuel the prosocial fire? Motivational synergy in predicting persistence, performance, and productivity [J]. Journal of Applied Psychology, 2008, 93 (1): 48.

[66] Grant, A. M., Parker, S., & Collins, C. Getting credit for proactive behavior: Supervisor reactions depend on what you value and how you feel [J]. Personnel Psychology, 2009, 62 (1): 31 -55.

[67] Hagedoorn, Mariët, Van Yperen, et al. Employees Reactions to problematic events: a circumflex structure of five categories of responses

and the role of job satisfaction [J]. Journal of Organizational Behaveior, 1999, 20 (3): 309 – 321.

[68] Hair, J. F. , Hult, G. T. M. , Ringle, C. M. , & Sarstedt, M. A Primer on Partial Least Squares Structural Equation Modeling (PLS – SEM) [M]. Thousand Oaks: Sage, 2013.

[69] Hair J F, Sarstedt M. PLS – SEM: Indeed a Silver Bullet [J]. Journal of Marketing Theory & Practice, 2011, 19 (2): 139 – 152.

[70] Hair J F, Sarstedt M, Ringle C M, et al. An assessment of the use of partial least squares structural equation modeling in marketing re-search [J]. Journal of the Academy of Marketing Science, 2012, 40 (3): 414 – 433.

[71] Harries C. , Evans J. St B. T. and Dennis I. A. N. Measuring doctors' self-insight into their treatment decisions [J]. Applied Cognitive psychology, 2000, 14 (5): 455 – 477.

[72] Harrison D A, Newman D A, Roth P L. How important are Job Attitudes? Meta – Analytic Comparisons of Integrative Behavioral Out-comes and Time Sequences [J]. Academy of Management Journal, 2006, 49 (2): 305 – 325.

[73] Harvey N, Harries C, Fischer I I. Using Advice and Assessing Its Quality [J]. Organizational Behavior & Human Decision Processes, 2000, 81 (2): 252 – 273.

[74] Harvey N, Fischer I. Taking Advice: Accepting Help, Impro-ving Judgment, and Sharing Responsibility [J]. Organizational Behavior & Human Decision Processes, 1997, 70 (2): 117 – 133.

[75] Heath C, Gonzalez R. Interaction with Others Increases Deci-sion Confidence but Not Decision Quality: Evidence against Information Collection Views of Interactive Decision Making [J]. Organizational Be-havior & Human Decision Processes, 1995, 61 (3): 305 – 326.

[76] Hedlund J, Ilgen D R, Hollenbeck J R. Decision Accuracy in Computer – Mediated versus Face-to – Face Decision – Making Teams [J]. Organizational Behavior & Human Decision Processes, 1998, 76 (1): 30.

[77] Helm S, Eggert A, Garnefeld I. Modeling the impact of corporate reputation on customer satisfaction and loyalty using partial least squares [M]//Handbook of partial least squares. Springer Berlin Heidelberg, 2010: 515 –534.

[78] Henseler J. A Comparative Study on Parameter Recovery of Three Approaches to Structural Equation Modeling: A Rejoinder [J]. Ssrn Electronic Journal, 2010, 47 (4): 699 –712.

[79] Henseler J, Ringle C M, Sinkovics R R. The use of partial least squares path modeling in international marketing [J]. Social Science Electronic Publishing, 2009, 20 (4): 277 –319.

[80] Hertwig R, Herzog S M. Fast and Frugal Heuristics: Tools of Social Rationality [J]. Social Cognition, 2009, 27 (5): 661 –698.

[81] Hirschman A O. Exit, voice, and loyalty: Responses to decline in firms, organizations, and states [M]. Harvard University Press, 1970.

[82] Hobfoll S E. Conservation of resources. A new attempt at conceptualizing stress [J]. American Psychologist, 1989, 44 (3): 513.

[83] Hock, C., Ringle, C. M., & Sarstedt, M. Management of multipurpose stadiums: Importance and performance measurement of service interfaces [J]. International Journal of Services Technology and Management, 2014, 14 (2): 188 –207.

[84] Hoel H, GlasøL, Hetland J, et al. Leadership Styles as Predictors of Self-reported and Observed Workplace Bullying [J]. British Journal of Management, 2010, 21 (2): 453 –468.

[85] Hofstede, G. Culture's consequences: International differences

in work-related values [M]. Beverly Hills, CA: Sage, 1980.

[86] Hommel B. Action control according to TEC (theory of event coding) [J]. Psychology Research, 2009, 73 (4): 512 – 526.

[87] Hsiung H H. Authentic Leadership and Employee Voice Behavior: A Multi – Level Psychological Process [J]. Journal of Business Ethics, 2012, 107 (3): 349 – 361.

[88] Hu, L. T. , & Bentler, P. M. Evaluating model fit [M]. In R. H. Hoyle (Ed), Structural equation modeling. Thousand Oaks, CA: Sage, 1999: 76 – 99.

[89] Hunton, J. E. , Hall, T. W. , & Price. K. H. The value of voice in participative decision making [J]. Journal of Applied Psychology, 1998, 83 (5): 788 – 797.

[90] Isen A M. Positive Affect, Cognitive Processes, and Social Behavior [J]. Advances in Experimental Social Psychology, 1987, 20 (1): 203 – 253.

[91] Isen A M. Some ways in which positive affect influences decision making and problem solving [J]. Handbook of Emotions, 2008: 548 – 573.

[92] Isen A M, Johnson M M, Mertz E, et al. The influence of positive affect on the unusualness of word associations [J]. Journal of Personality & Social Psychology, 1985, 48 (6): 1413 – 26.

[93] Isen A M, Niedenthal P M, Cantor N. An influence of positive affect on social categorization [J]. Motivation & Emotion, 1992, 16 (1): 65 – 78.

[94] Janet A. Sniezek and Lyn M. Van Swol. Trust, Confidence, and Expertise in a Judge – Advisor System [J]. Organizational Behavior and Human Decision Processes, 2001, 84 (2): 288 – 307.

[95] Janssen O, De Vries T, Cozijnsen A J. Voicing by adapting and

innovating employees: An empirical study on how personality and environment interact to affect voice behavior [J]. Human Relations, 1998, 51 (7): 945 –967.

[96] Jian Liang, Crystal I. C. Farh & Jiing – Lih Farh. Psychological Antecedents of Promotive and Prohibitive Voice: A Two – Wave Examination [J]. Academy of Management Journal, 2012, 55 (1): 71 –92.

[97] Johnson D E, Kiker D S, Erez A, et al. Liking and attributions of motives as mediators of the relationships between individuals' reputations, helpful behaviors and raters' reward decisions [J]. Journal of Applied Psychology, 2002, 87 (4): 808 –15.

[98] Johnson R D. Making judgments when information is missing: inferences, biases, and framing effects [J]. Acta Psychologica, 1987, 66 (1): 69 –82.

[99] Joseph F. Hair Jr, G. Tomas M. Hult, Christian M. Ringle, Marko Sarstedt. A primer on partial least squares structural equation modeling (PLS – SEM) [M]. LA: SAGE, 2012, 04.

[100] Jungermann H. Advice giving and taking [C]//Systems Sciences, HICSS – 32. Proceedings of the 32nd Annual Hawaii International Conference on. IEEE, 1999: 11.

[101] Kahneman D, Tversky A. Prospect theory: An analysis of decisions under risk [J]. Econometrica, 1979, 47 (2): 263 –291.

[102] Kahneman DW, Tversky A. The psychology of preferences [J]. Scientific American, 1982, 246: 162 –170.

[103] Kelley H H, Michela J L. Attribution Theory and Research [J]. Annual Review of Psychology, 1980, 31 (1): 457.

[104] Kelly E. See, Elizabeth W. Morrison, et al. The detrimental effects of power on confidence, advice taking, and accuracy [J]. Organizational Behavior and Human Decision Processes, 2011, 116 (2): 272 –

285.

［105］Kim T Y, Rosen B, Lee D R. South Korean managerial reactions to voicing discontent: The effects of employee attitude and employee communication styles ［J］. Journal of Organizational Behavior, 2009, 30 (7): 1001 – 1018.

［106］Kish – Gephart J J, Detert J R, Treviño L K, et al. Silenced by fear: The nature, sources, and consequences of fear at work ［J］. Research in Organizational Behavior, 2009, 29: 163 – 193.

［107］Knoll M, van Dick R. Do I hear the whistle? A first attempt to measure four forms of employee silence and their correlates ［J］. Journal of Business Ethics, 2013, 113 (2): 349 – 362.

［108］Landau J. When Employee voice is met by deaf ears ［J］. SAM Advanced Management Journal, 2009, 74 (1): 4 – 12.

［109］Lee F. When the going gets tough, do the tough ask for help? Help seeking and power motivation in organizations ［J］. Organizational Behavior & Human Decision Processes, 1997, 72 (3): 336 – 363.

［110］Lefkowitz J. The role of interpersonal affective regard in supervisory performance ratings: A literature review and proposed causal model ［J］. Journal of Occupational & Organizational Psychology, 2000, 73 (1): 67 – 85.

［111］Lepine J A, Erez A, Johnson D E. The nature and dimensionality of organizational citizenship behavior: a critical review and meta-analysis ［J］. Journal of Applied Psychology, 2002, 87 (1): 52 – 65.

［112］LePine J A, Van Dyne L. Predicting voice behavior in work groups ［J］. Journal of Applied Psychology, 1998, 83 (6): 853.

［113］LePine, J. A & Van Dyne, L. Voice and cooperative behavior as contrasting forms of contextual Performance: Evidence of differential relationship with big five personality characteristics and cognitive ability ［J］.

Journal of Applied Psychology, 2001, 86 (2): 326 – 33.

[114] Levin I P, Schneider S L, Gaeth G J. All Frames Are Not Created Equal: A Typology and Critical Analysis of Framing Effects *, ** [J]. Organizational Behavior & Human Decision Processes, 1998, 76 (2): 149 – 188.

[115] Li S, Xie X. A new look at the "Asian disease" problem: A choice between the best possible outcomes or between the worst possible outcomes [J]. Thinking and Reasoning, 2006, 12 (2): 129 – 143.

[116] Liang J, Farh J L. Promotive and prohibitive voice behavior in organizations: A two-wave longitudinal examination [C]//Third Conference of the International Association for Chinese Management Research, Guangzhou, China, 2008.

[117] Liberman N, Idson L C, Higgins E T. Predicting the intensity of losses vs. non-gains and non-losses vs. gains in judging fairness and value: A test of the loss aversion explanation [J]. Journal of Experimental Social Psychology, 2005, 41 (5): 527 – 534.

[118] Liden R C, Wayne S J, Stilwell D. A Longitudinal Study on the Early Development of Leader – Member Exchanges [J]. Journal of Applied Psychology, 1993, 78 (4): 662 – 674.

[119] Lim, J. S., & O Connor, M. Judgmental adjustment of initial forecasts: its effectiveness and biases [J]. Journal of Behavioral Decision – Making, 1995, 8 (3): 149 – 168.

[120] Linn Van Dyne, Soon Ang and Isabel C. Botero. Conceptualizing Employee Silence and Employee Voice as Multidimensional Constructs [J]. Journal of Management Studies, 2003 (6): 1359 – 1392.

[121] Linn V D, Jeffrey A L. Helping and voice extra-role behavior: Evidence of construct and predictive validity [J]. Academy of Management Journal, 1998, 41 (1): 108 – 119.

［122］Loewenstein G, Weber E, Hsee C, Welch N. Risk as feelings［J］. Psychological Bulletin, 2001, 127（2）: 267 − 286.

［123］Lord R G. Accuracy in behavioral measurement: An alternative definition based on raters'cognitive schema and signal detection theory［J］. Journal of Applied Psychology, 1985, 70（1）: 66 − 71.

［124］Luchak A A. What Kind of Voice Do Loyal Employees Use?［J］. British Journal of Industrial Relations, 2003, 41（1）: 115 − 134.

［125］Mackenzie S B, Podsakoff P M, Fetter R. Organizational citizenship behavior and objective productivity as determinants of managerial evaluations of salespersons' performance ［J］. Organizational Behavior & Human Decision Processes, 1991, 50（1）: 123 − 150.

［126］Marlene E. Turner, Preston Probasco, Anthony R. Pratkanis, Craig Leve. Threat, cohesion, and group effectiveness: testing a social identity maintenance perspective on groupthink ［J］. Journal of Personality and Social Psychology, 1992, 63（5）: 781 − 796.

［127］McGuire W J. Attitudes and attitude change'in G. Lindzey and E. Aronson ［J］. Handbook of Social Psychology, 1985, 3（2）: 233 − 346.

［128］Menon, T. , J. Pfeffer. Valuing internal versus external knowledge: Explaining the preference for outsiders ［J］. Managemnt Science, 2003, 49（4）: 497 − 513.

［129］Menon T, Thompson L, Choi H S. Tainted Knowledge vs. Tempting Knowledge: People Avoid Knowledge from Internal Rivals and Seek Knowledge from External Rivals ［J］. Management Science, 2006, 52（8）: 1129 − 1144.

［130］Milliken F J, Morrison E W, Hewlin P F. An Exploratory Study of Employee Silence: Issues that Employees Don't Communicate Upward and Why ［J］. Journal of Management Studies, 2003, 40（6）:

1453 – 1476.

[131] Morrison E W. Employee voice behavior: Integration and directions for future research [J]. The Academy of Management Annals, 2011, 5 (1): 373 – 412.

[132] Morrison E W, Wheelersmith S L, Kamdar D. Speaking up in groups: A cross-level study of group voice climate and voice [J]. Journal of Applied Psychology, 2011, 96 (1): 183.

[133] Morrison E W, Milliken F J. Organizational silence: A barrier to change and development in a pluralistic world [J]. Academy of Management Review, 2000, 25 (4): 706 – 725.

[134] Mullen J. Testing a model of employee willingness to raise safety issues [J]. Canadian Journal of Behavioural Science, 2005, 37 (37): 273 – 282.

[135] Murphy, K. R., & Cleveland, J. N. Understanding performance appraisal: social, organizational, and goal-based perspectives [M]. Thousand Oaks, CA: Sage, 1995.

[136] Near J P, Miceli M P. Whistle-blowing: Myth and reality [J]. Journal of Management, 1996, 22 (3): 507 – 526.

[137] Nigel Harvey, Clare Harries & Ilan Fischer. Using advice and assessing its quality [J]. Organizational behavior and human decision processes, 2000, 81 (2): 252 – 273.

[138] Nikolaou I, Vakola M, Bourantas D. Who speaks up at work? Dispositional influences on employees' voice behavior [J]. Personnel Review, 2013, 37 (6): 666 – 679.

[139] O'Keefe, D. J. Persuasion: Theory and research [M]. Newbury Park, CA: Sage, 1990.

[140] Olson J. Distance matters: Group work in the age of technology. IN R. A. Bjork (Ed.), Successes and surprises in the application of

psychological science [C]. Symposiumn conducted at the 13th annual meeting of the American Psychological Society, Toronto, Canada, 2001.

[141] Önkal D, Goodwin P, Thomson M, et al. The relative influence of advice from human experts and statistical methods on forecast adjustments [J]. Journal of Behavioral Decision Making, 2009, 22 (4): 390 –409.

[142] Organ D W, Ryan K A. Metal-analytic review of attitudinal and dispositional predictors of organizational citizenship behavior [J]. Personnel Psychology, 1983, 48 (4): 775 –802.

[143] Parker, S. K. , & Collins, C. G. Taking stock: Integrating and differentiating multiple proactive behaviors. Journal of Management, 2010, 36 (3), 633 –662.

[144] Patt A G, Bowles H R, Cash D W. Mechanisms for Enhancing the Credibility of an Adviser: Prepayment and Aligned Incentives [J]. Journal of Behavioral Decision Making, 2006, 19 (4): 347 –359.

[145] Peter F. Drucker. Management's new role [M]. Harvard Business Review, 1969, 47 (6), 49 –54.

[146] Petty R E, Cacioppo J T. The Elaboration Likelihood Model of Persuasion [J]. Advances in Experimental Social Psychology, 1986, 19 (4): 123 –205.

[147] Pinder C C, Harlos K P. Employee silence: quiescence and acquiescence as responses to perceived injustice [J]. Research in personnel and human resources management, 2001, 20: 331 –369.

[148] Premeaux S F, Bedeian A G. Breaking the silence: The moderating effects of self-monitoring in predicting speaking up in the workplace [J]. Journal of management studies, 2003, 40 (6): 1537 –1562.

[149] Rafferty A E, Restubog S L D. The influence of abusive supervisors on followers' organizational citizenship behaviours: The hidden

costs of abusive supervision [J]. British Journal of Management, 2011, 22 (2): 270 -285.

[150] Rigdon E E. Rethinking Partial Least Squares Path Modeling: In Praise of Simple Methods [J]. Long Range Planning, 2012, 45 (5 -6): 341 -358.

[151] Rigdon, E. E., Ringle, C. M., Sarstedt, M., & Gudergan, S. P. Assessing heterogeneity in customer satisfaction studies: Across industry similarities and within industry differences [J]. Advances in International Marketing, 2011, 22 (2014): 169 -194.

[152] Rioux S M, Penner L A. The causes of organizational citizenship behavior: A motivational analysis [J]. Journal of Applied Psychology, 2001, 86 (6): 1306 -1314.

[153] Robbins T L, Denisi A S. A closer look at interpersonal affect as a distinct influence on cognitive processing in performance evaluations [J]. Journal of Applied Psychology, 1994, 79 (3): 341 -353.

[154] Rosenberg, M. The logic of survey analysis [M]. New York: Basic Books, 1986.

[155] Rusbult C E, Dan F, Rogers G, et al. Impact of Exchange Variables on Exit, Voice, Loyalty, and Neglect: An Integrative Model of Responses to Declining Job Satisfaction [J]. Academy of Management Journal, 1988, 31 (3): 599 -627.

[156] Schaubroeck J, Lam S S K, Peng A C. Cognition-based and affect-based trust as mediators of leader behavior influences on team performance [J]. Journal of Applied Psychology, 2011, 96 (4): 863.

[157] Schneider S L. Item Difficulty, Discrimination, and the Confidence -Frequency Effect in a Categorical Judgment Task [J]. Organizational Behavior & Human Decision Processes, 1995, 61 (2): 148 -167.

[158] Seibert S E, Crant J M, Kraimer M L. Proactive personality

and career success [J]. Journal of Applied Psychology, 1999, 84 (3): 416 – 427.

[159] Seibert S E, Kraimer M L, Crant J M. What do proactive people do? A longitudinal model linking proactive personality and career success [J]. Personnel Psychology, 2001, 54 (4): 845 – 874.

[160] Shai Danziger, Ronit Montal & Rachel Barkan. Idealistic Advice and Pragmatic Choice: A Psychological Distance Account [J]. Journal of Personality and Social Psychology, 2012, 102 (6): 1105 – 1117.

[161] Smith. A. H. Chinese Characteristics [M]. New York; 1890.

[162] Sniezek J A, Buckley T. Cueing and cognitive conflict in Judge – Advisor decision making [J]. Organizational Behavior & Human Decision Processes, 2007, 62 (2): 159 – 174.

[163] Sniezek J A, Schrah G E, Dalal R S. Improving judgement with prepaid expert advice [J]. Journal of Behavioral Decision Making, 2004, 17 (3): 173 – 190.

[164] Sobel M E. Asymptotic Confidence Intervals for Indirect Effects in Structural Equation Models [J]. Sociological Methodology, 1982, 13 (13): 290 – 312.

[165] Soll J B, Larrick R P. Strategies for revising judgment: how (and how well) people use others' opinions [J]. Journal of Experimental Psychology Learning Memory & Cognition, 2009, 35 (3): 780.

[166] Soll J B, Mannes A E. Judgmental aggregation strategies depend on whether the self is involved [J]. International Journal of Forecasting, 2011, 27 (1): 81 – 102.

[167] Stamper C L, Dyne L V. Work status and organizational citizenship behavior: a field study of restaurant employees [J]. Journal of Organizational Behavior, 2001, 22 (5): 517 – 536.

[168] Steven W. Whiting, Timothy D. Maynes, Nathan P. Podsa-

koff. Effects of message, source, and context on evaluations of employee voice behavior [J]. Journal of Applied Psychology. 2012, 97 (1): 159 - 182.

[169] Stevens J. Applied multivariate statistics for the social sciences [J]. Journal of the Royal Statistical Society, 2003, 52 (3): 418 - 420.

[170] Tabachnick, B. G. , Fidell, L. S. , Using Multivariate Statistics [M]. Boston, MA: Allyn and Bacon, 2007.

[171] Tangirala S, Ramanujam R. Ask and you shall hear (but not always): Examining the relationship between manager consultation and employee voice [J]. Personnel Psychology, 2012, 65 (2): 251 -282.

[172] Tanya Menon, Leigh Thompson, Hoon - Seok Choi. Tainted knowledge vs. tempting knowledge: people avoid knowledge from internal rivals and seek knowledge from external rivals [J]. Management Science, 2006, 52 (8): 1129 - 1144.

[173] Tenenhaus, M. , Amato, S. , & Esposito Vinzi, V. A global goodness of-fit index for PLS structural equation modeling [C]. In Proceedings of the XLII SIS Scientific Meeting. Padova, Italy: CLEUP, 2004 (1): 739 - 742.

[174] Tenenhaus M, Mauger E, Guinot C. Use of ULS - SEM and PLS - SEM to measure a group effect in a regression model relating two blocks of binary variables [M]//Handbook of Partial Least Squares. Springer Berlin Heidelberg, 2010: 125 - 140.

[175] Tenenhaus M, Vinzi V E, Chatelin Y M, et al. PLS path modeling [J]. Computational Statistics & Data Analysis, 2005, 48 (1): 159 - 205.

[176] Tepper B J. Consequences of Abusive Supervision [J]. Academy of Management Journal, 2000, 43 (2): 178 - 190.

[177] Tepper, B. J. , M. K. Duffy, C. A. Henle and L. S. Lambert.

Procedural injustice, victim precipitation, and abusive supervision [J]. Personnel Psychology, 2006, 59 (1): 101 – 123.

[178] Thomas W. H. Ng & Daniel C. Feldman. Employee voice behavior: A meta-analytic test of the conservation of resources framework [J]. Journal of Organizational Behavior, 2012, 33 (2): 216 – 234.

[179] Thomas Webb. Advice-taking as an unobtrusive measure of prejudice [J]. Behavior Research Methods, 2011, 43 (4): 953 – 963.

[180] Tiedens L Z. Anger and advancement versus sadness and subjugation: the effect of negative emotion expressions on social status conferral [J]. Journal of Personality & Social Psychology, 2001, 80 (1): 86 – 94.

[181] Tiffany Barnett White. Consumer trust and advice acceptance: the moderating roles of benevolence, expertise, and negative emotions [J]. Journal of consumer psychology, 2005, 15 (2): 141 – 148.

[182] Tsui A S, Barry B. Interpersonal Affect and Rating Errors [J]. Academy of Management Journal, 1986, 29 (3): 586 – 599.

[183] Tversky A, Kahneman D. The Framing of Decisions and the Psychology of Choice [J]. Science, 1981, 211 (4481): 453.

[184] Van Dyne L, LePine J A. Helping and voice extra-role behaviors: Evidence of construct and predictive validity [J]. Academy of Management Journal, 1998, 41 (1): 108 – 119.

[185] Van Dyne L, Cummings L L, & Parks J M L. Extra-role behaviors-In pursuit of construct and definitional clarity (a bridge over muddied waters) [J]. Research in Organizational Behavior, 1995, 17: 215 – 285.

[186] Van Swol L M, Sniezek J A. Factors affecting the acceptance of expert advice [J]. British Journal of Social Psychology, 2005, 44 (3): 443 – 461.

[187] Varma A, Denisi A S, Peters L H. Interpersonal affect and

performance appraisal: a field study [J]. Personnel Psychology, 2010, 49 (2): 341 - 360.

[188] Wayne Sandy J, Ferris Gerald R. Influence tactics, affect, and exchange quality in supervisor-subordinate interactions: a laboratory experiment and field study [J]. Journal of Applied Psychology, 1990, 75 (5): 487 - 499.

[189] Wayne S J, Liden R C. Effects of Impression Management on Performance Ratings: A Longitudinal Study [J]. Academy of Management Journal, 1995, 38 (1): 232 - 260.

[190] White T B. Consumer Trust and Advice Acceptance: The Moderating Roles of Benevolence, Expertise, and Negative Emotions [J]. Journal of Consumer Psychology, 2005, 15 (2): 141 - 148.

[191] Whiting S W, Podsakoff P M, Pierce J R. Effects of task performance, helping, voice, and organizational loyalty on performance appraisal ratings [J]. Journal of Applied Psychology, 2008, 93 (1): 125.

[192] Withey M J, Cooper W H. Predicting Exit, Voice, Loyalty, and Neglect [J]. Administrative Science Quarterly, 1989, 34 (4): 521 - 539.

[193] Wright, T. A., & Hobfoll, S. E. Commitment, psychological well-being and job performance: An examination of conservation of resources (COR) theory and job burnout [J]. Journal of Business and Management, 2004, 9, 389 - 406.

[194] Yaniv Ilan. Receiving other people's advice: Influence and benefit [J]. Organizational Behavior & Human Decision Processes. 2004, 93 (1): 1 - 13.

[195] Yaniv I, Kleinberger E. Advice taking in decision making: Egocentric discounting and reputation formation [J]. Organizational Behavior & Human Decision Processes, 2000, 83 (2): 260 - 281.

［196］ Yaniv I, Milyavsky M. Using advice from multiple sources to revise and improve judgments ［J］. Organizational Behavior & Human Decision Processes, 2007, 103 (1): 104 – 120.

［197］ Zellars K L, Tepper B J, Duffy M K. Abusive supervision and subordinates' organizational citizenship behavior ［J］. Journal of Applied Psychology, 2002, 87 (6): 1068 – 1076.

后　记

这部书稿是在我的前期研究成果《管理者建言采纳决策及建言者评价研究——基于认知行为理论的视角》的基础上进一步认真思考、反复修改而成的。

在本书即将付梓之际，回忆起期间的林林总总，满是不尽的感激与深深的不舍。请允许我在此拙著之中对每一位关心、指导和帮助过我的师长和朋友表达深深的谢意。

"饮其流时思其源，成吾学时念吾师"，回首来时路，首先要感谢我的导师李晏墅教授将我引领入门，给我们创造了轻松而又不失严格的研究氛围，同门之间互相学习探讨，培养在学术研究中必备的科学素养。恩师学识渊博，百忙之余仍读书不辍；治学严谨，对专业精益求精；传道授业，悉心教诲。他坚韧的探索精神和对学生无私奉献的精神将使我终身受益。感谢南京师范大学商学院的华桂宏教授、蒋伏心教授、盛宇华教授、潘镇教授、方志军教授、钱钢教授在本书写作过程中给予了许多宝贵意见，他们深刻的学术见解、精湛的专业知识、严谨的研究态度给了我许多启迪，对本书的修改和定稿影响至深。感谢李晋老师在本书实证研究部分对研究设计和研究方法上给予我的指导和帮助。感谢我的同门在学习和生活中给我的支持和帮助，他们对本书的写作起到了不可估量的作用。

还要特别感谢我亲爱的朋友们，正是有了你们的全力帮助，我的问卷收集工作才得以顺利进行，书稿才能如期完成。同时也感谢所有被调研单位及个人的支持和帮助。

　　感谢默默支持、关爱我的家人。感谢我的父母、兄长和姐姐，从小到大你们对我悉心呵护，是我获得点滴进步的源泉。感谢与我相濡以沫的老公，感谢你一直以来对我的包容，在我情绪波动的时候鼓励我，在我懈怠的时候监督我。感谢我的女儿，看到你可爱的小脸一切疲劳都烟消云散。

　　在书稿撰写过程中，引用了大量的参考文献，对这些文献的作者表示感谢。

　　本书在研究撰写和出版过程中得到西安财经学院学术著作基金的支持和资助。感谢西安财经学院科研处、西安财经学院商学院领导和同事的帮助。

　　写作过程中由于时间问题加之本人学有所限，书中存在一些缺点和错误，还望各位同行、专家学者斧正。

张春梅

2017 年 4 月 20 日